辽中南城市群城市功能定位研究

——基于区域协调发展的视角

李崇峰 著

东北大学出版社

·沈 阳·

ⓒ 李崇峰　2017

图书在版编目（CIP）数据

辽中南城市群城市功能定位研究：基于区域协调发
展的视角 / 李崇峰著. — 沈阳：东北大学出版社，
2017.11
ISBN　978-7-5517-1720-5

Ⅰ. ①辽⋯　Ⅱ. ①李⋯　Ⅲ. ①城市群－研究－辽宁
Ⅳ. ①F299.273.1

中国版本图书馆 CIP 数据核字（2017）第 290089 号

出 版 者：东北大学出版社
　　　　　　地址：沈阳市和平区文化路三号巷 11 号
　　　　　　邮编：110819
　　　　　　电话：024-83683655（总编室）　83687331（营销部）
　　　　　　传真：024-83687332（总编室）　83680180（营销部）
　　　　　　网址：http://www.neupress.com
　　　　　　E-mail: neuph@ neupress.com
印 刷 者：沈阳中科印刷有限责任公司
发 行 者：东北大学出版社
幅面尺寸：170mm×228mm
印　　张：11.25
字　　数：190 千字
出版时间：2017 年 11 月第 1 版
印刷时间：2017 年 11 月第 1 次印刷
责任编辑：刘乃义　　　　　　　　　　　　　责任校对：文　浩
封面设计：潘正一　　　　　　　　　　　　　责任出版：唐敏志

ISBN　978-7-5517-1720-5　　　　　　　　　定　价：48.00 元

前　　言

随着我国城市化进程的加快推进，城市群发展模式成为区域经济发展的有效途径和重要支撑，也是区域参与更大范围分工和竞争的空间组织形式。本书以辽中南城市群为研究区域，以群内城市功能定位和区域协调发展为研究内容，试图构建辽中南城市群产业分工合理、城市功能定位准确的发展模式，找到促进辽中南城市群协调发展的实现路径并提出相应的政策措施。

辽宁省是我国的老工业基地，辽中南地区既是辽宁省经济发展核心区，也是东北地区经济发展的龙头。2003年国家实施东北振兴战略以来，区域内的辽宁沿海经济带和沈阳经济区都上升为国家战略，凸显了辽宁在东北乃至东北亚的重要地位。由于城市群内没有形成分工合理的空间结构体系，产业结构趋同，城市功能相似的状况并没有得到改变，近年来整个区域产业转型缓慢，经济增长乏力。但辽中南地区工业基础雄厚，自然资源丰富，加上有政策优势，完全有条件走出一条定位准确、分工合理的区域协调发展的成功之路。

辽中南城市群具有较好的发展基础，是我国城市化水平相对较高的地区，也是东北地区经济最发达、人口最集中的经济区域，但与国内三大城市群进行比较还存在着城市群发展目标不够明确、缺乏统一的协调与规划、核心城市的辐射带动能力不强、区域内城市间分工不明确、产业结构趋同、城镇体系不完善等方面的问题。

针对这些问题，本书从综合发展指数、产业结构和优势产业状况、城市间的交流程度、群内各个城市的自我功能定位及城市群的空间和功能特征五个角度对辽中南城市群城市功能和产业发展现状进行了较为全面的分析，其中辽中南城市群的双核特征是贯穿始终的一条线索。无论综合发展实力、空间交流强度还是产业结构、功能定位等方面都受到了这一结构的明显影响。这一结构既是一种优势，也是一种劣势。如果城市群的两个核心城市都十分强大，有利于对城市群其他城市进行产业转移和扩散，从而能带动群内更广泛的地区的发展。但这种"双核"格局意味着两个实力相当的城市共享一块经济腹地，必然为了自身在区域内甚至全国范围内的竞争力而通过各种途径去争相获取区内资源和国家政策，这样两大核心城市之间就很难形成合理的分工协作关系，从而对城市群的整体发展产生不利影响。而城市群内城市定位的相似、主导产业的趋同也同样会造成城市之间的低水平重复建设和资源浪费。因此，必须对城市群及各组成城市有一个合理定位，根据定位选择合适重点发展的产业，实现错位发展，才能够促进区域协调发展。

通过国内外城市群城市功能定位和主导产业选择的实践看，城市群要协调发展，离不开城市间的错位发展，离不开核心城市的集聚和辐射作用的发挥，也需要城市政府之间的合作。在此基础上，本书对辽中南城市群城市的功能定位和重点产业的选择进行了构建。首先要实现核心城市之间的合理定位，把沈阳市定位为东北地区的中心城市，把大连市定位为区域经济中心和国际港口城市，在发挥各自优势的基础上实现错位发展。其次是实现核心城市与其他城市之间的错位发展，其他城市要主动承接和积极接受辐射，实现与核心城市配套发展。通过各城市主导产业的选择，力图形成合理的分工格局，既有利于城市群整体竞争力的提升，又能够使每个城市在发挥优势的基础上不断提升城市的发展水平，从区域发展中获益。

城市群内部产业之间形成合理分工、城市间形成错位发展是城市群协调发展的关键。但城市群协调发展的前提是有一个良好的经济地理布局。不同的城市群根据自己的特点，都选择了不同的空间布局，形成了完善的城镇体系。在吸取国内外城市群发展经验的基础上，本书提出了辽中南城市群"两核两极一轴多节点"的功能优化发展模式。通过做大做强核心城市，更好地发挥沈阳市和大连市在群内的"增长极"作用；通过轴线集聚资源，更好地发挥集聚和扩散的作用；通过加强辽宁中部都市圈与辽宁沿海经济带之间的合作，形成区域整体合力；通过共同建设完善、高效的区域基础设施网络，为实现区域内生产要素快速流动提供条件，为群内协调发展打好基础。

从理论上说，如果城市群内各个城市都能够发挥各自优势，进行分工协作，那么对于区域内资源利用效率的提高有着重要的作用，能够提高区域整体的产出和收益。然而作为理性的"经济人"，城市政府总会从自身利益出发进行决策，往往会在"个体理性"的驱动下陷入"集体非理性"的困境。辽中南城市群要走向合理分工，实现协调发展，体制机制的创新十分重要。要通过协调区域产业政策，加强区域内的产业合作，促进产业集群发展；通过建立有效的城市群协调机制，对城市群发展的共同事务进行协调，统一制定规划以及共同遵守的制度和规则等；通过建立合理的利益分享和利益补偿机制，建立发挥比较优势的合理产业和功能区；通过加速市场一体化建设，保证产品和要素的自由流动；通过完善相关法律法规，约束政府在区域合作中的非理性行为，消除人为性、行政性壁垒；通过推进城市群协调发展的宏观管理体系建设，为地区协调发展提供制度保障。这些措施的实现，有利于促进辽中南城市群相互促进、优势互补、互利合作，最终提升区域整体的发展水平和竞争力。

限于作者水平，书中难免有不妥之处，恳请读者批评指正。

著　者

2017 年 6 月

目　　录

第一章　引　论

第一节　选题背景及意义

一、研究背景

（一）经济全球化趋势

在全球化的背景下，国家之间、区域之间的竞争逐渐转化为城市之间和企业之间的竞争。在这一过程中，城市的发展成为更加重要的部分，由此世界各地的城市间竞争环境也日益激烈。世界经济发展的中心都是城市聚集区，世界级的城市群也是全球最具竞争力的地区。随着我国城市化进程的加快，在东南沿海和中部地区形成了长江三角洲、京津冀、珠江三角洲等十大城市群，这些地区是我国经济最发达、人口最集中、工业化和城市化水平最高的地区，并且已经成为我国参与国际竞争的主要力量。在区域经济发展中城市是主体，为提升区域的竞争力，实现区域的协调发展，重要的条件就是城市群内各个城市能够取长补短，建立分工合理的产业体系和布局合理的空间结构。因此在全球化的背景下，城市功能定位准确不仅能指明城市发展的方向，使城市获得更多的利益，更有利于促进区域协调发展，从而在新的国际分工和产业布局演化过程中争取较有利的地位，取得更大的竞争优势。

（二）我国城市化高速发展

改革开放后，伴随着工业化的进程，我国的城市化进程也在加快。"自1950 年至 1978 年的 28 年间中国的城市化率由 10.6%增长到 18%，增长了不到 8 个百分点，城市化速度增长很慢。"① 2014 年我国的城市化率达到54.77%，36 年间我国的城市化率增加了 36 个百分点，平均每年增加一个百分点。美国地理学家诺瑟姆（R. M. Northam）曾经对世界城市化规律做过总结，城市化发展过程可以包括三个时期：城市化率小于 30%的初期平缓起步阶段；城市化率介于 30%~70%的中期高速发展阶段；城市化率大于 70%的后期平缓成熟阶段。就我国的城市化率来看，我国正处于城市的高速发展阶段。我国城市化的快速发展，推动了城市发展进入了城市群阶段，目前我国已经形成了十个具有一定规模和影响的城市群。这些地区是我国人口最密集、经济最发达的地区，成为分布于各地区的增长极。城市的集中成群分布产生了一系列好处，也带来许多新的问题，如：城市间产业结构趋同带来无效竞争，区域资源压力和环境负荷增加，大城市病泛滥，等等。我国城市群普遍存在重形态建设、轻实质发展的问题，多数城市群其实只是在空间分布上相对集中的"一群城市"，而不是相互协调发展的有机群体。要使城市群成为我国在全球化网络中具有竞争力的核心节点区域，努力发挥城市群在推进我国健康城市化过程中的重要作用，就必须强调城市群在城镇功能定位和产业经济发展方面能够合作共赢，在公共服务和基础设施体系建设方面能够共建共享，在资源开发利用和生态环境建设方面能够统筹协调。

（三）城市发展的功能定位问题突出

科学的城市功能定位不仅是城市发展战略的核心，也是区域协调发展的重要条件。城市功能性质和能级各不相同，一定区域范围内城市无论在城市规模、城市经济总量、城市地理位置等方面都存在极大的不同，城市要实现价值增值和可持续发展，就必须在城市发展战略指导下确定符合自身特点和优势的城市功能定位，合理规划产业和空间布局，打造和不断提升城市核心竞争力。

---

①朱铁臻.城市现代化研究[M].北京:红旗出版社,2002:27.

从我国城市发展的实践看，很多城市定位不够精确，阻碍了城市资源的集聚，影响了城市的快速发展。具体表现为如下几方面。一是城市定位缺乏持久性，对城市的定位往往会随着领导者的更替而改变，城市居民缺乏对城市定位的社会认同感。二是城市功能定位雷同现象十分突出。我国总共有 660 多个城市，每个城市几乎都把高新技术产业、新型服务业、物流业和旅游业作为城市的重点发展产业。这样不仅造成了产能过剩、资源浪费，还造成了产业趋同从而导致区域城市间的恶性竞争。三是各城市在对城市功能进行定位时，往往忽略区域因素。通常来说，城市功能定位以及城市功能的发挥只有在一定区域范围内才是有"意义"的。因而在城市功能定位的过程中，就必须以一定的区域范围为定位背景。因此，为了城市与区域的健康发展，就必须对城市功能进行正确的定位，然后找到可行与有效的途径和手段对城市功能进行优化。本书研究的思路是首先在特定的区域范围内对城市功能进行定位，而这种"定位"尽量要满足全面性、系统性、导向性等要求。以便在整合区域资源和经济优势的同时，实现区域内资源共享、优势互补的协调发展格局。

（四）辽中南城市群加快发展的机遇

城市群是我国区域经济发展的引擎，是推动区域经济发展方式转变和经济结构转型的引领者。辽宁省是我国的老工业基地，辽中南地区是东北地区经济最发达、人口最集中的经济区域，在国内也是城市化水平相对较高的城市群地区。该地区既是辽宁省经济发展核心区，也是东北地区经济发展的龙头和我国重要的工业基地。2003 年国家实施东北振兴战略以来，区域内的辽宁沿海经济带和沈阳经济区先后上升为国家战略。一系列政策的实施凸显了辽宁在东北、环渤海乃至东北亚的重要地位。但由于城市群内没有形成分工合理的空间结构体系，产业结构趋同，城市功能相似的状况仍然存在，近年来整个区域产业转型缓慢，经济增长乏力。为加快东北振兴，2014 年国务院出台了《关于近期支持东北振兴若干重大政策举措的意见》，这些重大举措中有很多涉及辽中南地区，随着政策措施的实施将为辽中南城市群带来难得的发展机遇。辽中南地区工业基础雄厚，自然资源丰富，加上有政策优势，完全有条件走出一条定位准确、分工合理的区域协调发展的成功之路，成为东北振兴的先行区。

城市功能定位不仅是城市制定发展战略的前提，也是区域协调发展的基础。本书在上述背景下，分析了辽中南城市群发展现状，构建了辽中南城市群产业分工合理、城市功能定位准确的发展模式，找到了促进辽中南城市群协调发展的实现路径并提出了相应的政策措施，对于促进区域协调发展、提高城市群竞争力，进而辐射带动整个东北地区的发展都将产生重要影响。

二、研究意义

（一）理论意义

（1）拓展了城市功能定位的研究领域。本书把城市定位问题放在特定的区域中研究，通过合理的分工和准确的城市定位，形成区域内各城市间竞争协作关系，从而在追求城市自身最大发展目标的同时实现区域的规模效应。目前，以区域为空间范围系统研究城市发展定位的专门研究很少，而现实中区域内城市功能定位雷同的问题往往很突出，因此通过此研究拓展了城市功能定位研究的领域。

（2）丰富了城市功能定位的研究内容。我国对于城市定位的研究起步较晚，关于城市功能定位的理论研究散见于各类成果中，有待整理提升。本书在前人研究的基础上，以辽中南城市群为具体研究对象，对城市群及群内各城市的城市功能定位进行了系统研究，丰富了城市功能定位的研究内容。

（3）提出了分析城市产业和分工以及城市功能的方法。本书尝试借鉴联合国人类发展指数（HDI）的测量方法，构建衡量辽中南综合发展指数，分别建立了五个维度的一级指标，每个一级指标又由 5 个二级指标组成。本书还通过区位熵法、城市流分析法对辽中南的产业结构和城市间联系进行了系统分析。

（二）现实意义

本书侧重于实证研究，而且把目标地域定位为辽中南城市群，通过对城市功能定位规律性的认识，结合实际对城市群内城市功能进行了科学、合理的定位，从而对区域经济的有效带动有一定的现实意义。

（1）能够指导城市的功能定位实践。通过对特定区域城市功能定位的研究，找到了城市功能定位的一般规律，可以在实际中为其他城市群进行区域产业分工和功能定位提供参考。

（2）能够促进辽中南城市功能定位更加合理。本书以辽中南地区为特定的研究区域，从区域发展的角度去研究城市群内各个城市的功能现状及存在的问题和解决措施，并对辽中南城市群总体定位、各城市的定位及其应当重点发展的产业进行了构想，有利于促进辽中南城市群城市功能定位更加合理。

（3）能够促进区域经济的协调发展。本书是从区域视角对辽中南城市群城市功能进行的定位研究，还对其实现模式和路径进行了探索，有利于促进区域经济的协调发展。

（4）促进区域协调机制的建立。通过分析，本书就目前城市群区域合作困难的原因和影响区域协调发展的因素进行了分析，提出了政府间建立协调机制的具体对策建议，有利于促进现实中城市群整体协调机制的建立。

此外，本书通过对辽中南城市群这一区域的个性分析，研究成果对于我国其他地区的城市群的协调发展都具有一定的借鉴意义。

第二节　国内外文献综述

城市群已经成为地区参与国家乃至全球竞争与国际分工的基本地域单元，对城市群及其相关问题的理论和应用研究也越来越成为理论家和政府关注的焦点之一。许多学者从不同角度和层面对城市群的发展进行了深入的研究，取得了大量有价值的研究成果，这些成果为城市群研究的深入展开奠定了坚实的理论基础。

一、关于城市群的相关研究

(一) 国外的研究

城市群的研究始于 19 世纪末的欧美，随着城市化进程的加快以及城市群的不断发展，对城市群的研究内容也在不断地深化和丰富。

1. 从城市规划角度研究城市群的形成和空间组织形态

最早涉及城市群的研究是英国社会学家霍华德（E. Howard，1898），在其著作《明日的田园城市》一书中，他设计了"田园城市模式"，认为田园城市是由若干个田园城市围绕中心城市构成的城市组群，是一种同时兼具城市高效生活和乡村优美景色的城乡共同体[①]。英国城市学家盖迪斯（Patrick Geddes，1915）运用城市区域综合规划的方法，提出"组合城市"[②]（Conurbation）的概念，认为"组合城市"是随着城市的扩张，城市的许多功能开始跨越了城市的边界，众多的城市影响范围相互重叠产生了"城市区域"、集合城市（拥有卫星城的大城市）和世界城市。其后，恩文（R. Unwin，1922）把"组合城市"理论发展为"卫星城"理论并应用于一些大城市的建设与调整，比如伦敦。1918 年，芬兰的沙里宁（E. Saarinen，1918）强调城市是有机的生命体，在其《城市：它的发展、衰败和未来》一书中他指出，城市群体发展应当从无序的集中变为有序的疏散，即提出了规划城市发展的"有机疏散"理论，他把这种理论运用于实践，制订了大赫尔辛基规划方案。德国地理学者克里斯·泰勒（1933）的中心地理论是公认的城市群研究基础理论之一，1933 年，他提出了著名的六边形的城市群体组织结构模式，首次将区域内的城市群体系统化，这种六边形的城市群体组织模式后被广泛采用。杜西迪亚斯（Doxiadis，1970）等认为，大都市带是一种全新的地域空间组织形态，它并不是都市区简单的规模膨胀，除了规模和形式上与单个都市区不同外，重要的是它的功能发

---

①埃比尼泽·霍华德.明日的田园城市［M］.北京：商务印书馆，2002.

②Geddes P.Cities in Evolution：An Introduction to the Town Planning Movement and to the Study of Cities［M］.London：Williams & Norgate，1915.

生了很大变化①。

2. 从经济学角度研究城市群的发展

随着城市群的快速发展，学者们纷纷用经济学的理论来研究城市群并取得了较多的研究成果。维宁（R. Vining, 1942）从经济学角度研究了城市群发展的意义，他从理论上论证了城市群存在的合理性与客观性。邓肯（O. Duncan, 1950）在《大都市与区域》中提出了"城市体系"的观点。美国的乌尔曼（E. L. Ullman, 1957）提出的空间相互作用理论，对城市群内外空间相互作用机制研究影响深远。法国学者戈特曼（Jean Gottmann, 1957）最早以城市群作为特定的研究对象并初步揭示了城市群的内涵，在其论文"大都市带：美国东北海岸的城市化"中，根据他对美国东北沿海地带城市化区域的研究成果，提出了"大都市带"的概念，并认为未来城市的发展方向就是大都市带。他认为，在巨大的城市化地域内，支配空间经济形式的已不再仅仅是单一的大城市或都市区，而是由社会经济活动联系密切的若干都市形成的一个巨大整体。他认为这种城市地域空间组织形式是城市发展进入"成熟"阶段的标志。这种大都市带不是简单的城市组合，而是有着密切联系的有机体。他的观点得到了广泛的推崇。法国经济学家佩鲁斯（F. Perroux, 1955）的"增长极理论"和"点轴发展理论"是城市群研究的一大理论贡献。弗里德曼（J. Friedmann, 1964）结合罗斯托（W. W. Rostow）的经济发展阶段理论，提出了城市群的发展阶段与过程。

3. 从区域协调的视角研究城市群

随着西方国家城市化进程的加快，城市群不断出现，从区域协调的角度来研究城市群的学者开始增多。如邓肯（O. Duncan, 1960）等认为美国的底特律、西雅图、达拉斯、亚特兰大等城市把区域经济连成了一个有机整体，在区域内进行有机的分工与交换，能够更好地进行专业化生产，从而发挥区域优势。在其著作《大都市与区域》中，他首次引入了城市体系（Urban system）的概念②。戈特曼（Gottmann, 1990）在其著作 Since Megalopolis 中，开始重视城市群的社会、文化、生态的发展。秋元耕一郎（1993）提出了促进区域城

---

①Doxiadis C A.Man's Movement and his Settlement[J].Ekistics,1970,29(1):173-175.

②Duncan,et al.Metropolis and Region[M].Baltimore:Johns Hopkins Press,1965.

市合理发展的政策措施。1993 年，伴随着欧盟区域经济一体化进程的加快，"欧洲空间发展展望"规划工作随之展开，该规划提出了促进可持续发展、共同实现城市群体空间集约发展的思想。岸根卓郎（1990）提出了力图在日本建设一个 21 世纪自然–空间–人类融合的城市群体系统。富田和晓（1995）以都市空间为经、结构演变为纬，从人口、第三产业、居住、消费、通勤、中心地等级和职能对日本城市群协调发展进行了深入研究。随着这些思想的付诸实施，世界及城市群大多建立了协调城市群统一发展的协调组织，并统一就区域发展规划、基础设施建设等跨区域的事务进行磋商解决。

4. 从产业微观视角研究城市群

近年来，西方不少学者从产业之间的关联性的角度来解释城市群的空间组织方式的差异，通过对产业集聚的空间模式，如产业带、产业集群、公司活动综合体、发展功能区等分析城市之间的联系，进而形成城市群不同的空间组织结构。Ian R. Cordon 和 Philip Mccann（2000）认为，不同集团和不同活动主体的各种混合行为趋向于在不同的地方集结成带状或束状，经济联系发展到某种程度，伴随着产业专业化的空间分异，主要表现为三种带状模式：纯聚集模式、产业综合体模式、社会网络模式。Jungyul Sohn（2004）运用经济联系空间相关模型研究制造业活动的空间联合，发现相关模型、空间相关系数能较好地表现出其制造企业的集中性分布特征，以此来解释城市群的空间结构。

5. 用信息技术和数学模型研究城市群

由于信息技术的发展，20 世纪 90 年代以来，一些技术决定论者对信息技术决定下的城市空间形态展开了讨论，归纳出信息城市（information city）、有线城市（wired city）、技术城市（technopole city）、数字城市（digital city）、虚拟城市（virtual city）等新的信息空间现象。Barney Warf（1995）研究指出，这些新的空间现象是反映了不同信息模式的"新信息空间"（new information spaces），其空间尺度表现为全球城市、离岸银行中心、办公功能的全球化。Kenneth（2000）则把这种基于信息网络技术推动产生的城市集合体称为"智能走廊"（intelligent corridors）。随着信息和网络技术的发展，一些学者开始运用计算机模型对城市群发展进行定量研究，提高了研究的精确性、实用性。

（二）国内的研究

国内对城市群的研究起步较晚。我国对城市群的研究开始于 20 世纪 80 年代，之后随着我国城市化的快速推进，城市群越来越成为区域经济发展的重要力量，对于城市群的理论和实证研究也逐渐增多。主要可从以下几个方面来看：

1. 从经济地理和城市规划角度的研究

周一星（1988）提出了都市连绵区的概念，这是与西方的"大都市带"相对应的概念，它是指"以若干城市为核心，大城市与周围地区保持强烈交互作用和密切社会联系，沿一条或多条交通走廊分布的巨型城乡一体化区域"[①]。崔功豪（1992）根据城市群发展水平的不同，提出了三种类型的城市群，即城市区域、城市群组和巨大都市带。姚士谋提出（1992）："所谓城市群，即在特定的地域范围内具有相当数量的不同性质、类型和等级规模的城市，依托一定的自然环境条件，以一个或两个特大或者超大城市作为地区经济的核心，借助于现代化交通工具和综合运输网的通达性，以及高度发达的信息网络，发生与发展着城市个体之间的内在联系，共同构成的一个相对完整的集合体。"[②]代合治（1998）以城市群的面积、总人口、城市人口、城市数量和城市等级结构为指标划定了我国 4 个等级共 17 个城市群，但他没有考量城市群经济系统中中心城市的辐射能量以及空间作用的跳跃性。顾朝林（1999）以经济全球化为背景来研究中国城市化，对世界城市化新趋势、国际性大都市、大都市带等方面展开了深入研究。张京祥（2000）以城市群体空间演化基本机理构建的由城镇组织体系、城乡关联体系、网络联通体系和空间配置体系构成的城市群体空间运行系统，无疑是城市群空间理论研究的新突破。朱英明（2001）建立的城市流强度模型，在城市群空间相互作用理论与实践方面都是卓有成效的。姚士谋等（2001）研究了信息化背景下城市群的发展，认为信息革命对城市群区域空间拓展的效应有协作效应、替代效应、衍生效应与增强效应，以及城市群如何通过对信息技术在城市空间的多元运用来提高其竞争力。薛东前

---

①史育龙,周一星.戈特曼关于大都市带的学术思想评介[J].经济地理,1996(3):24-26.
②姚士谋.中国城市群[M].2 版.合肥:中国科学技术大学出版社,2008:15.

等（2002）从城市群体结构、空间拓展和土地利用等方面讨论了城市群空间演化过程、动力机制、基本特征和规律以及由此引起的城市群用地优化配置趋势。郁鸿胜（2005）对城市群进行了制度经济学分析，提出了"一个框架、两大平台、二项政策"的创新研究。戴宾（2004）则从经济区的角度，把城市及其周围的乡村地区都划入城市群的范围。郁鸿胜（2005）从城市的规模等级结构的角度定义城市群，并强调了中心城市对其他城市的辐射和集聚作用。另外，一些学者如于力（2007）和王家祥（2008）从政治的角度来研究城市群的形成机制并提出了"城市联盟"。

2. 从区域协调发展的角度研究城市群

于洪俊、宁越敏（1983）认为巨大都市带在政治、经济上发挥中枢作用，同时也具有超级城市和国际港口等核心作用。高汝熹（1990）认为经济较发达的中心城市对周围城市和农村起到了关键的带动作用。阎小培等（1997）指出，由于城市的快速发展忽略了整体协调，致使地区之间的产业结构雷同、行政分割和各自为政，影响了珠江三角洲的协调发展；提出要加强规划管理，形成各城市之间分工协作的发展局面。张尚武（1999）认为"应建立以综合交通为先导的整体发展模式以及区域整体发展规划和协调机制来协调长三角城镇的发展"[1]。周振华（2000）探讨了区域合作与发展的两种协调机制并分析了制度化和非制度化协调机制的优劣，认为"倡导式"的非制度化协调机制是适合于当前我国地区之间的合作的制度安排。石忆邵（2000）在研究长江三角洲时认为从四个方面来协调地区的发展，即要建立协调各城市利益的协调机制，要发挥市场的作用，要规范政府的行为，要从行政体制上进行改革等。靖学青（2002）建议通过创建长江三角洲城市群发展协调管理委员会来协调城市群内存在的问题。郁鸿胜（2004）则从城市群发展的政策体系角度，提出了三项制度创新政策，即构建以"土地集约化、农民市民化、区域一体化和政策协调化"[2]为内容的城市群制度框架。曹现强（2005）在研究山东半岛城市群时指出，要建立跨区域的分政府合作组织和机制，对城市群进行统一规划和提供服务，最终实现城市群的协调发展。谷海洪等（2006 年）通过对欧盟

---

①张尚武.长江三角洲地区城镇空间形态协调发展研究[J].城市规划汇刊,1999(3):32-35.
②郁鸿胜.城市群亟需制度创新[N].国际金融报,2004-07-09.

的研究发现，欧盟围绕着经济和社会的融合、保护和管理自然资源和文化遗产、提供欧洲地域范围内公平竞争机会这三个基本政策，作为欧盟的空间一体化政策，政策主体涉及超国家、国家和地区三个层次，并以谈判充当决策的有效方式。宋玉祥等（2010）提出空间政策是促进解决区域问题的有效手段和措施，是地区内在一定时期内为实现生产力合理布局而采取的政策手段的综合，是实现资源合理配置、生产力合理布局的重要途径。

3. 从产业发展角度研究城市群

许学强等（1994）从劳动分工和工业生产组织方面分析了城市群形成的基本原理；刘则渊（1999）对辽宁带状城市群经济结构分析后提出基于工业化、城市化和市场化的产业发展方向应当服务化、信息化和知识化；刘新平等（2000）从区域经济一体化背景下分析了长株潭城市群的农业发展定位与途径；程玉鸿等（2007）运用偏离-份额分析方法，通过构建分析模型，对珠江三角洲城市群内部各城市的产业竞争力状况进行了比较分析；王福君等（2007）从产业的结构特征和素质特征两个角度探视了辽宁中部城市群的第二产业，并提出了改善其结构和素质的对策。李学鑫等（2006）定量分析了关中、中原、山东半岛三城市群的产业结构、专门化和多样化，认为偏高的产业专门化和偏低的多样化不利于城市群的发育。

4. 从城市群可持续发展角度研究城市群

廖重斌（1999）构建了协调与协调发展度模型，制订了分类体系及评价标准并对珠三角的环境与经济协调发展进行了评价研究；蒋志学（1999）侧重于以整体来规划城市群环境；汤可可（1999）分析了江苏省沿江城市群可持续发展的制约因素及对策；盖文启（2000）则从城市群经济结构、生态环境、资源利用、基础设施、制约因子等综合分析了山东半岛城市群的可持续发展；莫凤珍等（2001）重点研究了辽宁中部城市群水资源的可持续开发与利用；王树功等（2002）以珠三角城市群为例给出了城市群环境问题的解决途径，提出了珠三角城市群资源环境一体化的框架和区域可持续发展的模式；王慎敏等（2002）根据循环型城市内涵，构建了珠三角城市群的循环型城市建设绩效评价的"驱动力—状态—响应"模型，分析了城市经济发展、资源减量利用、污染物减量排放、资源再利用和资源环境安全等对循环型城市建设绩效的贡献机理；刁琳琳等（2002）运用层次分析法和因子分析法构建了可持续发展综合测度体系，对山东半岛城市群可持续发展进行了定量评价。

5. 从城市群发展模式的角度研究城市群

章国兴（1999）通过对城市群内各层次的中心城市定位，提出以增长极的形式实现城市网络系统的建立；陈湘满等（2000）从管理组织方式将城市群的发展模式概括为行政区一体化模式、政府联合组织模式、精密型双层结构模式；齐康等（1997）以分层次的形式从人均国民收入、人口城市化、产业化和区域基础设施对江苏带状城市群体进行空间分析，提出了该城市群体的发展模式；王发曾等（1997）用"城市中心性强度"法划分了中原城市群地区所有城市的等级，进而为中原城市群构建了一个由"两圈、双核、四带、一个三角"4 个等级构成的空间布局模式；景哲（2005）基于空间结构概括的模式，将城市群的发展模式划分为集中型发展模式、双核心型发展模式、分散型发展模式和走廊轴线型发展模式；姚士谋（2006）指出中国城市群在 21 世纪后将出现四种发展模式，第一种为高度集中型的发展模式，第二种为双核心型的发展模式，第三种为适当分散发展的发展模式，第四种为交通走廊轴线的发展模式；钱慧等（2007）对关中城市群区域空间结构进行了重构，探讨了未来区域发展的理想性与可行性兼备的最合理的空间结构模式。

6. 从城市群内部作用机理研究城市群

曹扶生（1995）研究了中心城市与城市群经济互动发展。朱英明（2000）建立的城市流强度模型，对城市群空间的相互作用进行了理论和实证分析。薛东前等（2001）认为，经济活动是城市群空间扩展的决定因素，产业聚集和产业结构演变是城市群空间扩展的直接动力。张京祥（2000）将城市群的空间演化视作空间自组织，社会、经济演化以及空间结构组织的复合过程。张祥建等（2003）则认为，产业关联效应、产业转移效应和产业聚集效应催生了现代化城市群的空间结构格局。胡序威（2005）分析了核心地区与都市经济区的不同协调重点：一是增强核心地区的辐射功能和国际竞争力，通过对核心地区内城镇间的产业优势互补，基础设施共建共享，区域经济社会发展与人口资源、环境的空间协调和整合，增强其市场竞争力和辐射影响力；二是加强核心地区对其外围经济腹地城镇和产业发展的辐射、带动和促进作用。

（三）国内外关于城市群研究的评述

国外学者对城市群在内的城市与区域形态的理论与实证研究较早，但现代意义上的城市群研究始于 20 世纪 50 年代，是西方国家城市群现象大规模出现、城市化进程迅速发展的时期。国外学者对城市群的研究从定性到定量，从静态到动态，从局部到整体，从理论到实践，已经形成了一个多视角、多层次、多尺度，理论与实证、定性与定量相结合的研究体系。对此，我们一方面要看到国外学者在城市群协调研究方面已经搭建了理论框架，并且有了实践探索，对我国现阶段城市群发展的研究和实践有很强的借鉴意义，但另一方面，我们也要看到，其理论基础是西方市场经济理论，实践也与我国有着不小的差距，因此我们还要根据我们的国情和各地的区情来探索适合我国城市群协调发展的路径与方式。

我国对城市群的研究尽管起步较晚，但无论从理论研究还是实证分析方面都取得了很多突破，研究领域不断拓宽，研究内容不断深入，为今后的研究打下了良好的基础。但也要看到，存在以下不足：

（1）理论的滞后性。我国城市群的研究还缺乏系统性，大多是引用国外成熟的理论来解释和解决中国的现实问题，理论研究上还滞后于西方。

（2）研究缺乏完整性。目前从多学科、多角度地对城市群进行综合研究的成果较少。城市群的研究不仅涉及地理学、规划学，还涉及经济学、社会学、政治学等多学科领域。

（3）定量研究少。描述性的定性研究较多，缺乏模型分析，与新的科技手段结合不够，与国外有较大差距。

（4）实证分析的对策研究缺乏指导意义。从已有的研究成果看，对国内三大城市群的研究较多，对其他城市群的研究较少，由于存在地区差异，研究成果的指导意义有限。因此，在城市群的研究上还是任重而道远。

二、关于城市功能的研究

国内外关于城市功能的研究主要集中于两个方面，一是城市功能本身的研究，二是区域视角下城市功能的研究。但国内外研究的侧重点有所不同，国内学者更多的是用国外的理论来进行实证研究。

（一）国外的研究

1. 城市功能分类方面的研究

德国经济学家萨姆巴特（M. Sombart，1902）将城市功能分成了"基本功能"和"非基本功能"两大部分。有学者也将两部分的关系形象地称为"骨"和"肉"的关系。前者指由城市向城市以外地区的供给所引起的经济活动，它是城市得以存在和发展的经济基础，是城市发展的主要动力；后者主要是由满足城市内部的需求引起的经济活动。英国学者奥隆索（M. Auronsseau，1921）将城市功能分为行政、防务、文化、生产、交通、娱乐六大类。将城市功能分为居住、工作、游憩和交通四大类的是在 1933 年国际建筑协会上发表的《雅典宪章》中。美国学者哈里斯（C. D. Harris，1943）以美国城市为研究对象，根据城市主导功能行业具有的比较优势及其在职职工比重达到的最低临界值这两个指标将城市功能分为政治中心、矿业城市、制造业城市等十大类。

2. 城市功能形成机制方面的研究

在形成机制理论方面，主要体现在城市功能的集聚效应和扩散效应。英国学者巴顿（1976）在《城市经济学》一书中分析了城市集聚效应与城市经济功能的关系，主要观点在于本地市场潜在规模是造成集聚经济的最初原因、大规模的本地市场也能减少实际生产费用来促进较高程度的专业化、规模经济效益与人口规模有密切的关系、某种工业在地理上的集中有利于辅助功能的建立、企业在地理上的集中有利于熟练工人和企业家的良性集中、大城市广泛的商业服务和娱乐设施对经营者有很大的吸引力等方面。沃纳·赫希（Werner Z. Hirsch，1987）在《城市经济学》一书中对"相互作用的城市化过程"做了详细的论述，揭示了城市功能形成发展机制的理论。沃纳·赫希认为，与生产有关的力量和与需求有关的力量相互作用，并通过这种相互作用加深和巩固城市化的过程，前者的力量比后者的力量更为强大。供给和需求的结合之所以会导致功能形成机制的产生，在于乘数效应和临界值原则的作用。

3. 城市主导功能演变方面的研究

美国经济学家霍伊特（H. Hoyt，1939）、安德鲁斯（P. B. Andrews，1939）

和蒂鲍尔（C. M. Tiebeul，1939）认为："一个城市，如果其经济基本活动内容和规模日渐发展，这个城市就势不可当地要发展。如果城市的基本功能部分由于某种原因而衰落，同时却没有新的基本功能发展起来，那么这个城市就无可挽回地要趋向衰落。"① 伴随着生产力的不断发展，城市主导功能也在不断地变化。1782—1845 年期间，技术创新在于蒸汽机的发明与应用，城市功能以生产功能为主；而 1948 年到现在，技术创新表现在电子技术的革命和全球网络化，这时候城市功能以文化、创新功能为主。从结构功能来看，20 世纪 50 年代到 20 世纪 70 年代，西方国家城市功能以第二产业为主。20 世纪 70 年代后，以制造业为代表的第二产业在城市中的地位下降，第三产业的地位上升，导致制造业等城市功能向边缘区郊区乃至次级城市扩散，而生产服务业（总部、咨询、金融、保险、信息等）为主的城市功能不断向特大城市、中心城市集中。2000 年后，城市功能从部门专门化向功能专门化转变的研究成为国际研究的重点，美国、德国等国家的学者认为空间交易成本的降低影响了城市专门化特征，总部以及公司的集成转向功能专业化，即总部以及生产服务业集中在大城市而企业、工厂集中在小城市。

4. 城市功能空间布局方面的研究

柯布西埃（1922）在《明日的城市》中对城市功能空间布局提出了自己的看法，主张用大量的高楼把人口及城市功能集中来腾出高比例的空地，这些空地可以进行绿化等。另外还论证了新的城市布局形式可以容纳一个新型的、高效的城市交通系统，这些系统由铁路和人车完全分离的高架道路结合起来，布置在地面以上，这种集约利用空间的思想被一些大城市在功能规划中广泛应用。雷蒙·恩温（1922）在《卫星城市的建设》中提出了卫星城市的理论，卫星城市系在大城市附近，并在生产经济和文化生活等方面受中心城市的影响发展起来的城市或者工人镇，并认为应把中心城市的多余的人口和就业岗位疏散到一连串"卫星"城镇中去。伯吉斯（1923）创立了同心环模式，认为城市的中心是商业汇聚之地，往外是商业、零售、住宅、小工厂等混杂的过渡带，再往外是工人住宅区，继续往外是中产阶级住宅区，最外层是富人居住

①Hoyt H. The Structure and Growth of Residential Neighborhoods in American Cities [M]. Washington D. C. : Federal Housing Administration, 1939.

区。伯吉斯的同心环是基于均质性的平面而推论的，对现代交通运输几乎没有考虑。哈里斯和厄尔曼（1945）提出了较为精细的多核心模式，认为同心环模式和扇形模式是一个中心，而多核心模式假设城市内部的结构除商业中心（CBD）外，尚有次要经济组织散布在整个体系内，这些次要经济组织伴随着整个城市的运输网、工业区或各种专业服务业（大学、研究中心等）等的发展而发展，最后形成次级或者外围的中心区。

5. 区域发展视角下的城市功能研究

美国经济学家霍伊特（H. Hoyt，1939）认为城市经济构成分为基本经济部门和非基本经济部门，在服务方面，基本经济部门主要是为了城市以外的地区服务的，包括产品、劳务、技术等输出以赚取财富，为城市的发展奠定物质基础，后者主要为城市自身居民服务；这两个部门对城市功能的性质与大小的影响主要在于基本经济部门。他还提出了扇形模式城市功能空间，认为均质性平面的假设不太现实，在同心环模式基础上增加了放射状运输线路的影响，使城市向外扩散的方向呈不规则式扇形模式。增长极理论提出者——法国经济学家佩鲁斯（R. Perroux，1955）——将增长极与经济的主要部分结合在一起研究，认为增长极发生在有限的区域极点内，然后扩散到周边地区，区域经济的发展是由增长极（城市）来带动的；带动区域与增长极经济的发展取决于推动型产业，推动型产业有三个基本特征，即在企业中处于支配地位、产业集聚以及与其他企业有高关联性。核心-边缘理论是由弗里德曼（A. J. Friedmann，1966）提出的，认为任何区域都是由核心和边缘两部分组成的，区域条件的差异（主要包括经济、文化和政治等要素）导致在某些区位比其他区位（所谓的外缘地区）的发展更具有竞争优势，从而构成了一定区域的核心，由于核心的存在，边缘地区的集聚和发展受到抑制。

6. 城市功能定位方法的研究

克里斯·泰勒（1933）提出了知名的中心地理论，即城市的"级别规模"学说或城市的区位理论，其要点是从行政管理、市场经济、交通运输三个方面对城市的分布、等级规模和空间结构进行研究进而提出的正六边形城市体系规模。该理论还指出，位于中心地位的城市主要搞好自身的市政和社会基础设施，以影响和服务于次级中心与腹地。区位熵可以反映出一个城市的基本活动和非基本活动。综合考虑城市的规模因素后可以通过区位熵的计算结果判定一个城市职能的情况。设定一定的标准后还可以确定城市职能强度。1955年马蒂拉（J. M. Mattila）和汤普森（W. R. Thompson）提出了区位熵法，其基本核心思想是：全国性行业结构旨在满足全国人口的需求，因此一个城市行业结构必须和全国的行业结构类似才能满足城市人口的需求，如果城市的某一行业在城市行业中所占比例低于全国平均水平，则需要从外部输入其行业功能；如果高于全国平均水平，则向外输出其行业功能。区位熵法简化了区分城市基本和非基本部分的复杂过程，但也有自身的局限，就是没有进出口贸易，后来的学者又提出了正常城市法和最小需求量法来完善区位熵法的不足。英国的卡特（1972）最早对城市功能分类方法进行了归纳。最初的是一般描述方法，首先确定城市类别体系以描述性的名称加以命名。第二种是统计描述方法，城市类别由分类者事先决定每一类添加统计上的数量标准。第三种是统计分析法，用比较客观的统计参数替代了人为确定的数量指标来衡量城市主导功能。第四种是城市经济基础研究方法，它先剔除城市的非基本功能，进而提出优势功能、突出功能和城市专业化指数三项指标来分析城市功能。第五种是多变量分析法，通常利用主成分分析和聚类分析的方法判定城市功能。史密斯和提姆伯拉克（1995）应用泊松分类进行城市间功能的分类，这些功能包括经济、政治、文化和社会再生产。

（二）国内的研究

1. 城市功能分析方面的研究

叶立梅、陈新国（2003）通过对北京城市功能的研究，认为通过城市空间的合理优化可以达到把北京打造成国际城市的目标。包红玉等（2005）把城市功能分为经济功能、管理功能、创新功能、生态功能四个方面，认为这四个功能的水平高低和集成水平决定着城市在区域中的等级地位。胡兆量（2007）分析了北京城市功能综合化的原因，认为北京的政治功能的后续效应带来其他城市功能的发展，给城市带来人口规模和建设规模两大难题。张建新（2009）在对城市功能和主体功能区协同发展的研究中，以陕西为例分析了新背景下城市功能的变化趋势，包括推动部门城市转型、转变城市创新与扩散模式、重视城市联动协作、完善区域城市网络等，另外提出了城市功能转变与主体功能区战略实施的实施路径。黄宁等（2009）以可持续发展为指导，基于生态保护和资源的可持续利用，分单元对城市功能进行合理定位以达到城市功能最大持续效益化的目标。陈柳钦（2009）在《基于产业视角的城市功能研究》中对主导功能展开论述，并对城市功能分区及其空间结构进行了理论性探讨。郭晶（2009）分析了开放型城市应对金融危机时城市功能缺陷的原因主要在于城市高级要素集聚不足、生产者服务业不足以及中心城市数量少等，并提出一系列措施来提升城市功能。

2. 城市功能空间方面的研究

王颖（1999）从信息网络这一新的影响要素出发，对城市功能空间利用模式发生的变化进行了探讨：信息网络对城市功能变迁引发土地使用模式转型的影响主要体现在城市功能内部由集聚型转向分散型、城市功能边界的模糊导致土地空间使用兼容性、城市功能实现方式虚拟化导致土地使用的比例结构发生变化等，信息网络对城市结构的影响主要表现在从圈层式结构走向网络化结构。张忠国、赵建军（2003）对青岛市城市功能布局的现状进行了思考并对现状问题进行了剖析，提出对青岛市的未来应建立"多极多核分散式多中心"的功能布局模式。梁玉芬（2005）提出城市空间分为四种模式：国际大都市模式、都市圈模式、组团式模式、卫星城市模式，不同的城市空间模式对应不同的城市功能：国际大都市模式的城市功能要为国际化商务活动提供现代化的服务；都市圈模式中不同类型城市之间功能优势要互补；组团式模式中将城市的整体功能分解为不同局部的组团功能，并紧密联系，实现城市功能在大空间上的重新整合；卫星城市模式中卫星城市要合理分担中心城市的一部分功能。王郁（2007）从时间序列分析了上海核心区、中心区、近郊区、远郊区的城市各功能以及城市人口的变化，对现状变化不足进行了分析并提出相关的对策建议。

3. 从区域视角对城市功能的研究

汪宇明（1996）研究了广西钦州湾区域中四个城市的功能定位，提出了定位的依据，指出应通过股份合作建设区域内部的基础设施，并提出了区域整体功能与个体城市功能定位的建议。左文芳等（2003）以徐州为研究对象，指出徐州市在区域中城市功能存在的问题并提出了解决办法。官卫华、姚士谋（2005）以南京为研究对象，认为南京作为都市圈中心城市功能不足，主要原因是南京的中心城市综合竞争力不强、城市结构性矛盾突出、郊县对都市圈发展支撑作用较弱等，对周边地区的带动和辐射能力不足，并提出了完善南京城市功能的具体建议。张建波（2007）通过对长春城市空间拥挤状态的分析，提出把部分产业及功能向周边扩散以形成合理的发展格局。黄萍华（2009）从区域一体化的发展角度分析了长株潭城市群城市功能存在的问题，并提出了形成功能互补、协调发展的对策建议。

4. 城市功能定位的研究

城市功能定位是城市规划界普遍关注的问题。徐国良 1994 年开始对城市功能定位进行研究，当时采取的是定性的方法。周一星、许学强（1997）等采用比较优势、区位熵等定量的方法研究城市的主导产业和主要功能。朱才斌（2000）从区域角度研究城市功能定位，运用断裂点和交通流量法确定城市主要对外联系区域及功能发挥的范围。杨莹等（2006）通过对城市历史文脉的研究，找到城市的发展方向。仇保兴（2002）首先运用城市核心竞争力完善了城市定位理论，通过建立指标体系进行城市竞争力的评估，以此为基础确定城市的功能定位。张复明（2004）提出了城市定位的特征、原则和基本内容，系统地分析了城市定位的主导因素和基本要求，提出了城市定位的综合集成思路，指出了分析城市定位主导因素的思路，并提出了基本要求。高凌（2006）从国际化导向的视角研究了城市功能定位。高宜程等（2008）对城市功能定位的原则以及方法与技术路线进行了阐述，但缺乏系统研究。张鸿雁、张登国等（2008）从城市社会学角度对城市定位的本质、创新路径等问题进行了较为系统的探讨，但定量研究较少。

5. 城市功能定位方法的研究

倪鹏飞（2004）将城市竞争力模型分析引入城市功能分析，此后有大量学者用竞争力模型分析法对城市进行功能定位。朱才斌（2000）从区域角度用断裂点和交通流量法确定城市主要对外联系能力，以此来确定城市的功能定位。孙乐等（2005）用断裂点和经济作用强度分析法分析了城市间经济作用的强度。李健（2005）运用主因子和因子分析法，得出各地的比较优势来确定城市的功能定位。高凌等（2007）用穆尔的回归分析法确定城市各部门的基本部分职工比重，按麦克斯韦尔方法计算出城市的优势职能和突出职能，然后将城市进行聚类分析得出六类省会城市，最后用 AHP 决策分析法确定城市的功能。于涛方等（2008）运用时间和空间序列方法对完善北京城市功能提出了建议。冯章献等（2008）运用纳尔逊城市职能分类方法确定城市的主导职能。张莉敏（2009）运用灰色综合评价方法对城市重点功能进行了研究，还运用城市流强度分析了城市之间的功能联系。

（三）国内外城市功能研究评述

综观国内外学者对城市功能的研究我们可以看出，随着城市的不断发展，对城市功能的研究也在不断扩展和深入，具体如下：

（1）对城市功能的内涵和分类不断拓展。随着技术创新的不断发展，新的产业不断出现，城市的主导产业也随之不断演进，城市功能也不断丰富，对其的研究也在不断地拓展。城市功能的分类逐渐细化，由过去的基本功能、非基本功能逐渐丰富和发展至行政、文化、交通、居住等方面。

（2）对城市功能的分析越来越深入。从最初的研究城市功能的内涵与分类发展到城市功能的形成机制、空间布局、定位及其方法，对城市功能的研究在不断深入。

（3）城市功能定位的研究方法不断丰富。城市功能定位的方法由定性到定量，由简单到复杂，更加全面和细致。

（4）对城市功能定位的研究从微观到宏观。由最初的仅仅研究城市自身的功能定位，逐渐演变成从区域来审视城市的定位，更加注重城市之间的协调发展，从而避免城市功能的趋同引起的恶性竞争；同时更加注重发挥自身的比较优势，在区域中形成自己的特点。

尽管城市功能的研究越来越完善，但国内关于城市功能定位的总体研究水平仍不高，理论基础根基不牢，理论体系不完善。已有的研究大多是实证研究，缺乏系统性，逻辑性不强。在研究中定量方法使用得少，经验性论述占主体，说服力不强。存在成型理论支撑与实践操作两层皮的现象。提出的城市功能合理定位的战略措施一般性差。城市的复杂性决定了定位研究涉及多学科的必然性，借鉴相关学科的研究成果系统研究城市功能定位研究的任务仍很艰巨。

三、国内关于辽中南城市群的相关研究

目前国内学者针对国内三大城市群的理论和实证研究都比较多，相对而言对辽中南城市群无论是从研究领域还是研究内容上都相对较少。

通过梳理现有文献，主要集中在以下几个方面：

1. 辽中南城市群产业发展

刘贵清（2006）利用现代区域产业布局理论研究了辽中南城市群产业空间结构形成机理，通过对辽中南地区的实证研究，提出辽中南地区合理布局、统筹规划的具体措施，力图通过这些措施的推进加快辽宁的振兴；刘小翠等（2007）运用偏离-份额分析法对辽中南城市群产业结构贡献率和竞争力贡献率进行了分析，提出辽中南城市群要推进农业产业化和工业信息化以及服务业高级化；马延吉（2010）从产业集聚与扩散的角度对辽中南城市群的煤炭产业、钢铁产业、石化产业以及高新技术产业的集聚状况进行了总体的分析与评价，针对存在的问题，提出了城市群产业集聚的发展思路与对策；刘瑞娟（2010）对辽中南城市群与产业群之间的关联发展关系进行了实证分析，得出了有城市群和产业群关联发展的溢出红利大于二者孤立发展的各自的溢出红利之和的结论，并基于此提出了促进辽中南发展的对策；程钰等（2012）用区位熵法对辽中南城市群产业分工进行了测度，提出辽中南城市群宏观上产业趋同状况较为突出。

2. 城市群职能分工方面

游东鸿等（2006）对辽中南城市群职能分工现状进行了总结，通过分析提出了现存的问题及新的构想；李平等（2009）利用区位熵法对辽中南城市间相互作用强度进行了量化分析，认为目前还存在着产业结构不合理、第二产业比重过高、第三产业发展缓慢等问题，并提出了具体的发展建议；吕泽南（2011）通过区位熵灰色关联度分析法和城市流强度分析法，分析了辽中南城市群产业结构和功能联系，认为城市群还处于发展阶段，并据此提出了解决措施；王晓玲（2013）通过分析认为辽中部城市群呈现核心—外围的二元结构，并对辽中南的城市规模和人口规模进行了分析，提出通过推进辽中部的同城

化，以及中心城市的合理定位，错位发展，才更能促进辽中南城市群协调发展。

3. 其他方面的研究

陈凡等（1997）在对中外城市群与辽宁城市群进行对比分析后，总结了国外城市群建设的经验：重视首位城市的作用、交通网络建设和城市群的动态发展，并提出了辽宁带状城市群的发展思路。赵映慧等（2005）通过选取12个经济指标对辽中南城市群的综合发展情况进行了量化分析，指出辽中南城市群在整个东北的重要意义。王东等（2006）从空间发展上对辽中南城市群进行了分析，认为双中心的发展模式存在局限性，双三角空间发展模式更适合将来的发展。徐连翔（2007）从提升城市群竞争力的角度提出辽中南应当加大创新的力度，通过发展优势产业集群提升竞争力。苏飞等（2010）运用城市首位指数、城市规模分布的基尼系数和分形等理论与方法对辽中南城市群的现状及分布特征做了研究，得出城市规模空间分布不均衡、区域分异明显这一结论。

通过上面的研究可以看出，目前国内学者已经从很多方面对辽中南城市群进行了研究，但总体来看还比较薄弱和分散，缺乏系统性的研究，特别是从区域协调发展的角度对城市群进行系统的研究，以及探索如何能从真正意义上促进辽中南地区的整合发展的研究还很少。因此，未来对辽中南城市群的研究重点应在已有研究的基础上，运用多学科的研究成果，从加快经济发展、推动区域协调发展的视角对城市群的产业分工、功能布局等问题进行综合的分析，从而为城市群研究的深化以及有效政策的制定提供理论支持。

第三节　研究方法、创新点及研究内容

一、研究方法

由于城市群城市功能定位及城市群协调发展研究的涉及面很广，相关的理论众多，针对特定区域的研究，必然要求与现实紧密结合，因此研究时就必须尽可能从实际出发，对不同的问题采用不同的研究方法。本书主要的研究方法有：

1. 文献研究法

主要是对过去的相关文献进行研究，对基本理论进行梳理，建立研究的理论基础。根据相关理论对辽中南城市群城市功能和产业选择进行分析，得出相关结论，构建辽中南城市群协调发展的模式。

2. 比较研究方法和经验总结法

运用比较研究法能够找出不同和差别，也可以找到解决问题的方法。本书主要是把辽中南城市群与国内三大城市群进行比较，以发现辽中南城市群存在的不足和需要改进的地方。经验总结法主要是指通过先进地区的实践找到好的可以借鉴的办法。本书在探索辽中南城市群的发展方向时，对国内外发展较成熟的城市群的相关发展经验进行了总结，得出其发展的特点和辽中南城市群需要借鉴的地方。

3. 实证研究方法

通过数据对辽中南城市群的发展现状的各个方面进行量化分析，从中找出存在的问题。同时针对其发展现状和发展的有利条件，提出进一步发展的框架和途径。这种方法能够更好地做到理论联系实际。

二、创新点

1. 选题角度新颖

城市所在区域的各种要素及区域内城市体系的空间结构和产业分工状况是影响城市功能定位的重要因素，必须在一定区域范围内进行城市功能定位。从区域发展视角研究城市功能定位问题，可以避免就城市论城市，有利于城市间的合理分工，又能充分体现区域特色。

2. 研究方法新

本书改变了以往城市群实证研究方法单调的做法，不仅尝试借鉴联合国人类发展指数（HDI）的测量方法，构建衡量辽中南综合发展指数，还通过区位熵法、城市流分析法等多种方法，从不同角度，选择不同的指标，全方位系统地对城市群内各城市的产业发展状况和城市功能定位现状进行了分析。

3. 提出了促进辽中南城市群协调发展的具体模式

本书基于辽中南城市群的发展现状和未来的发展走向，提出了辽中南城市群整体的发展定位及各城市的主导产业选择和功能定位框架，并基于此提出了区域协调发展"两核两极一轴多节点"的模式。

三、主要内容和结构安排

本研究以实证研究为主，理论探索为辅，全文共分八章，第一章和第二章是文章的理论部分，第三章至第七章主要是对辽中南城市群进行实证分析。具体内容如下：

第一章是引论。主要分析了本书的选题背景与研究的意义；梳理了相关文献，对过去的文献进行了分类综述；说明了本书的主要研究方法、创新点以及本书内容与结构安排。

第二章是基本概念与相关理论。城市群内各城市合理分工、错位发展是区域协调发展的关键。本书就城市群、城市功能、功能定位等重要概念和相关原理进行了梳理总结。为了使对辽中南城市群的实证分析更有说服力，对相关的理论进行了梳理，并阐明了这些理论对本书的意义。

第三章对辽中南城市群的发展现状进行了阐述。辽中南城市群也是东北地区经济最发达、人口最集中的经济区域。但与国内三大城市群进行比较可以发现，无论从经济总量、城市群规模、产业发展、中心城市的带动能力等方面还存在着很大的差距。从城市群自身的发展看，也存在着城市群缺乏统一规划、核心城市的辐射带动能力不强、区域内城市间分工不足、市场化程度低从而制约城市比较优势的发挥、城镇体系不完善以及城市群内缺乏统一有效的协调机制等方面的问题。在分析问题的同时也说明了目前辽中南城市群发展的有利条件和机遇。

第四章对辽中南城市群产业分工及功能定位的现状进行了分析。通过对各城市的综合发展指数、产业区位熵、城市外向度以及城市主导产业和功能定位进行定性和定量分析，进而对辽中南城市群的双核空间结构和功能特征进行了分析。这种"双核"格局意味着两个实力相当的城市共享一块经济腹地，必然为了自身在区域内甚至全国范围内的竞争力，对区内资源和国家政策会采取各种途径去争相获取，这样两大核心城市之间具有明显的竞合关系，在现实中很难形成合理的分工协作关系，核心城市如不能合理分工、相互合作，将对城市群的整体发展产生不利影响。城市群内其他城市定位的相似、主导产业的趋同也同样会造成城市之间的低水平重复建设和资源浪费。因此，必须对城市群及各组成城市有一个合理定位，根据定位选择合适的重点发展产业，实现错位发展，才能够促进区域协调发展。

第五章是辽中南城市群城市功能定位与产业分工布局构想。本章的目的是要在前面分析的基础上对辽中南城市群城市的主导产业和功能进行准确定位。通过国内外城市群城市功能定位和主导产业选择的实践来看，城市群要协调发展，离不开城市间的错位发展，离不开核心城市的集聚和辐射作用的发挥，也需要政府之间的合作。在此基础上，对辽中南城市群城市的功能定位和重点产业的选择进行了构建。通过各城市主导产业的选择，力图形成合理的分工格局，既有利于城市群整体竞争力的提升，又能够使每个城市在发挥优势的基础上不断提升城市的发展水平，从区域发展中获益。

第六章是辽中南城市群功能优化的空间发展模式选择。城市群内部产业之间形成合理分工、城市间形成错位发展是城市群协调发展的关键。但城市群协调发展的前提是有一个良好的经济地理布局。不同的城市群根据自己的特点，都选择了不同的空间布局，形成了完善的城镇体系。在吸取国内外城市群发展经验的基础上，本章提出了辽中南城市群"两核两极一轴多节点"的协调发展模式。通过做大做强核心城市，更好地发挥沈阳和大连在群内的"增长极"作用；通过加快营口和鞍山的发展，使之成为群内联结两核的新增长极；通过轴线集聚资源，更好地发挥集聚和扩散的作用；并且要加强辽宁中部都市圈与辽宁沿海经济带之间的合作，促进区内节点城市的特色发展，形成区域整体合力；通过共同建设完善、高效的区域基础设施网络，为实现区域内生产要素快速流动提供条件，为群内协调发展打好基础。

第七章是辽中南城市群协调发展的政策建议。从理论上说，如果城市群内各个城市都能够发挥各自优势，进行分工协作，对于区域内资源利用效率的提高有着重要的作用，能够提高区域整体的产出和收益。然而作为理性的经济人，城市政府总会从自身利益出发进行决策，往往会在"个体理性"的驱动下陷入"集体非理性"的困境。为了促进辽中南城市群走向功能性的合理分工，实现协调发展，本章提出了具体的对策建议。不仅要通过协调区域产业政策，加强区域的内产业合作，促进产业集群发展，还要通过建立有效的城市群协调机制，对城市群发展的共同事务进行协调，统一制定规划以及建立合理的利益分享和利益补偿机制；要通过加速市场一体化建设，保证产品和要素的自由流动，还要通过完善相关法律法规，约束政府在区域合作中的非理性行为，消除人为性、行政性壁垒；通过推进城市群协调发展的宏观管理体系建设，为地区协调发展提供制度保障。

第八章是结论。

第二章　基本概念与相关理论

第一节　基本概念与原理

一、城市群

（一）城市群的概念

从目前国内外学者对城市群的研究中可以看出，由于中西方城市化、工业化发展处于不同阶段，因此对城市群的理解和提法也有所不同。西方更多地使用都市圈，而国内更多地使用城市群的概念。国内学者对城市群的定义可以分为三类。第一类侧重于区域空间布局。姚士谋将城市群界定为在特定的地域范围内具有相当数量的不同性质、类型和等级规模的城市，依托一定的自然环境条件，以一个或两个超大或特大城市作为地区经济的核心，借助于现代化的交通工具和综合运输网的通达性，以及高度发达的信息网络，发生与发展着城市个体之间的内在联系，共同构成一个相对完整的城市集合体。这是我国目前最权威、最流行的城市群的概念。第二类侧重于城市间的相互联系作用。周一星从城市间、城乡间强烈的相互作用以及区域一体化的特征提出了都市连绵区的概念。第三类侧重于城市群的结构、功能以及由结构、功能相互作用所形成的网络。肖枫从城市群结构、功能以及功能互补、经济依存、社会发展趋同的角度强调城市群作为一种有机网络或网络群体发生与发展着城市个体之间的内在联系，共同构成了一个相对完整的城市集合体。

虽然国内学者对城市群的认识没有达成一致，分别站在自己研究的角度进行了分析和解读，但也有一定共性的认识，即城市群是由一群地理位置相近的城市组成的；城市群的城市之间有着较为密切的经济社会联系；城市群内的城市规模等级不同，承担的功能也各不相同；城市群的发展对于区域经济将产生很大影响；城市群是工业化、城市化的产物，是城市发展壮大在空间形态上的必然表现；成熟的城市群还具有设施同城化、功能协同化、市场一体化等特征。

本书认为城市群比较完整的概念应是：由一个或两个中心城市和与其有紧密社会、经济联系的不同等级和规模的城市，依托交通网络组成的一个相互制约、相互依存，具有一体化倾向的协调发展区域，通过促进城市之间的相互联系与协作，带动周边地区经济社会发展的、可以实施有效管理的区域。

促进城市群协调发展的本质在于弱化行政区划，从区域角度强化城市间的经济联系，形成经济、市场高度一体化的发展态势；推动形成合理分工、错位发展的空间布局；协调群内各城市之间的关系，推进跨区域基础设施共建共享；保护并合理利用各类资源，改善人居环境和投资环境，促进区域经济、社会与环境的整体可持续发展。

（二）城市群的性质

1. 城市群存在着显著的职能等级

城市群是由不同级别的城市组成的，也可以由同级别的城市组成，但一个基本前提是必须有中心城市，即使是同级别的城市，也需要一个经济实力较强的城市作为龙头，带动其他城市共同发展。

根据核心-边缘理论，城市群内部各城市之间出现了三种比较清晰的职能等级，即中心城市、次中心城市及周边城市。在一个地域面积较大且经济发展水平较高的城市群内，经济发展水平最高的城市作为核心城市，它的经济发展水平和竞争能力强弱直接影响城市群的发展水平；次中心城市在城市群内处于次中心位置，由于其经济发展水平较高，一方面能主动地承接中心城市的产业，另一方面与中心城市展开不同层面的经济竞争，带动城市群整体发展；周边城市一般集聚在中心城市或次中心城市周围，这些城市的规模都不大，但基本都有自己的优势产业和优势资源，能够充分融入到城市群内部产业分工中。例如，在长三角城市群中，中心城市即为上海市，次中心城市为南京市、苏州市和杭州市、宁波市，其他 13 个城市为周边城市，依据与中心城市、次中心城市地理位置的远近向它们靠拢。但在一些城市群内，有两个经济规模相当的中心城市，如京津冀的北京和天津、珠三角城市群的广州和深圳、辽中南城市群的沈阳和大连，等等。

2. 城市群的边界与行政区划的边界不一致

经济边界是城市群的一个天然特征。城市群的形成以一定地域内存在密切的经济联系为基础，主要靠市场驱动力，由于交易成本对企业的贸易生产与交换影响很大，通常相邻的城镇之间、城市之间商品与贸易往来频繁，在主要交易市场集聚力和周边交易市场向心力的共同作用下，一定区域内相关城镇、城市因经济紧密联系而靠市场发育形成了城市群的框架。行政区域是行政区划的结果，是一个与一定等级政府相对应的政治、经济、社会综合体。行政区域的主要目标是进行行政管理，而作为经济区域的城市群，则更多地是强调区域内的资源优化配置和经济的协调发展。行政区域是有法律效应的区域界定，具有相对稳定性；而经济区域往往根据区域内经济联系的强度的变化具有可变性。因此，城市群与其他的经济组织不同的是它的边界与行政区划的边界往往不一致。例如，长江三角洲城市群就是由有密切经济交流的众多跨省的城市组成的；北美、欧洲的大城市群是跨国的城市群；即使是我国省内的城市群，城市之间也存在行政边界，如本书要探讨的辽中南城市群。城市群的边界与行政区域的边界不统一是城市群的显著特点。

（三）城市群协调发展

"协调"，从字面意思看，就是和谐、均衡的意思，主要是指关注事物之间的联系，注重客观规律，使之相互协作、相互促进的良性循环状态。区域的协调发展主要是指区域间的差异和问题得到有效处理，区域各个组成部分之间能够分工协作，共同促进，实现区域经济总量增长和效率提高的状态。协调是组织达到的一种状态，是动态的，目的在于通过协调实现制度和系统环境的改善。

城市群的协调发展，允许群内差异的存在，但注重的是发挥各自优势，提高发展的效率。从空间上说，它是指以一个或两个中心城市为核心，把不同等级、不同规模、不同作用的城市组织起来，使之合理布局，相互联系，形成网络状发展格局的空间组织形态。从经济社会发展上说，城市群协调发展是指城市群内部各个城市之间能够建立有效的协调机制，在各城市之间能够形成合理的分工协作体系，城市之间能够实现要素的自由流动，进而实现区域经济社会发展的一体化。城市群的协调发展是本书研究的内容，一方面，经济社会的协调发展落实到具体空间上，必然表现为空间合理布局；而另一方面，城市群内的空间布局合理也会促进区域经济社会的协调发展。

二、城市功能

(一) 城市功能的内涵

关于城市功能内涵的表述，不同的学科有不同的理解。根据城市功能的作用空间和时间的不同大致有两种看法，第一种观点从城市地理学、城市经济学的角度认为"城市功能是指城市在一个国家或地区所承担的政治、经济、文化等方面的任务和所起的作用"[①]；第二种观点从城市社会学的角度认为"城市对整个人类社会发展进程的各种影响和作用在城市科学中称为城市功能或城市职能"[②]，这种观点的城市功能在作用空间和作用时间上都更加广泛。

虽然第二种观点的含义更加宽泛和完整，涵盖了城市发展过程中承担的各种作用，但是本书所研究的具体在城市群区域内城市功能的定位来说，这一定义就显得有些不适宜。因为城市功能具有动态性，其随着时间的推移和外界因素的影响，必将呈现出多元化和复杂化的趋势。因此，第一种观点的城市功能的定义有助于我们在区域视角下对城市功能的分析和城市功能定位的研究。本书所指的城市功能主要是指城市在一个国家或地区所承担的政治、经济、文化等方面的任务和所起的作用。

(二) 城市功能的类型

城市功能是一个复合体，是不同功能的叠加，而且不同类型的功能有不同

①周一星.城市地理学[M].北京:商务印书馆,1995.
②张丽君.毗邻中外边境城市功能互动研究[M].北京:中国经济出版社,2006:41.

的服务空间和范围。本书根据研究的需要对城市功能的类型进行以下划分。

1. 经济功能与非经济功能

从城市承担作用的内容看，城市功能分为经济功能与非经济功能。经济功能是城市在经济领域，即商品生产、交换、分配和消费等领域中发挥的作用，主要是指城市在国家或区域内的经济活动中发挥的作用。城市的非经济功能是指包括文化传播与交流、行政管理等非物质生产、消费活动中所承担的作用，是不产生直接经济结果的功能。可以说，经济功能是城市功能的核心，城市就是生产要素不断集聚中而产生的空间组织形态，发挥好经济功能有助于增强城市的集聚能力和辐射能力，在产业分工中占据优势，进一步增强城市的功能，使城市在区域或国家中地位上升。一个城市仅靠经济功能而缺少非经济功能，那么城市的发展往往缺乏活力，从而不可持续最终走向衰败。城市在发挥经济功能的同时，还要与外界发生文化等精神交流，因此城市往往不仅是一定区域内的经济中心，还承担着政治、文化中心的职能。

2. 一般功能和特殊功能

这是从一般意义上对城市功能的划分。一般功能主要是指城市与乡村相比所具有的地域空间功能。如城市的集聚功能、城市的辐射功能、城市的经济社会功能等。特殊功能主要是指城市具有特殊的资源禀赋而带来的其他城市所不具有的功能。如城市具有的特殊自然资源、独特的地理位置、独特的历史资源等，自己具有而别人不具备的资源所带来的功能。一般功能是所有城市发展的基础，而特殊功能是一个城市参与区域分工中独特定位的条件和优势。城市既要不断提升一般功能，又要善于发现和利用特殊功能，两者有机结合才能使城市功能更强大。

3. 主要功能和次要功能

这是从城市功能作用的强度划分的。城市的主要功能是由一定时期城市的主导产业决定的，主导产业在市场占有率、产品数量和质量、市场需求规模等方面在一定区域内具有优势地位，通过主导产业，城市能够带动其他地区发展的同时向外输出主导产业的商品。主要功能决定了城市的性质和城市的定位，以及在一定区域内的地位。次要功能是由城市在一定时期内具有比较优势的产业决定的，能够影响和推动城市的发展。从长期看，城市的功能也是不断发展完善的，过去的次要功能有可能发展成为主要功能。由于城市功能的复合性，因此，城市功能必然是多元的，主要功能是由主导产业决定的，它的服务和辐射范围较广，对城市的地位和作用更具有影响力。因此在城市功能定位中，本书更多地考虑主导产业对城市功能的影响。

4. 基本功能和非基本功能

这是由城市服务的地域空间范围划分的。基本功能是指城市与外界联系时发挥的功能，这是决定城市在区域中地位和作用的主要基础。城市的资源禀赋、经济发展水平、产业结构等共同决定了其基本功能作用的大小。非基本功能是指城市的对内功能，包括在城市中自身承担的经济、社会、政治、文化等功能。因此，根据本书的研究主题，我们考虑的主要是城市的基本功能，即其在一定区域内对外发生诸多联系时所发挥的作用。

（三）城市功能与城市产业

城市的主导产业很大程度上决定着城市的主导功能，其规模大小也影响着城市功能的辐射程度。从横向上看，城市的主导功能是由区域分工决定的，是根据区域发展的总体情况和各城市的比较优势决定的。从纵向上看，城市功能是动态的，城市发展的不同阶段，主导产业不同，所决定的主导功能也是发展变化的。但在一定时期，城市的主导功能是特定的，通过城市的主导产业反映出来。从纵向上看，城市群内不同规模、等级的城市功能是相对固定的，但随着时间的变化和产业的转移，城市的功能也是在变化的，城市的规模和等级也会发生相应的变化。城市的功能必须通过城市的产业结构体现出来，产业结构的变化和分工的日益细化决定了城市功能的多样性和复杂性。城市的主导产业对经济增长的影响较大，技术往往较为领先，市场潜力较大，对其他产业有较强的带动作用，因而也决定了城市的主导功能。有很多城市就是由主导产业发展壮大而出现的。如石油城市大庆、旅游城市桂林等。因此，城市功能作用发挥好坏的关键是能否使城市产业作为有机整体发挥作用，也就是能否选择恰当的主导产业，并协调好与其他产业的关系。

通过主导产业的调整，能够促进城市群形成合理的功能布局。城市总是处于特定区域的城市体系中，城市间存在着交流与协作，城市功能只有在城市与城市外部区域的联系中才能获得价值，这种联系逐渐形成了城市群产业分工格局。随着社会分工的深化，城市间的联系密度和规模都不断扩大，逐步从低级形态向高级形态发展。不同城市的资源禀赋不同，人才、资金状况不同，文化历史各异，适合发展的主导产业也不同。城市群内每个城市参与区域分工的重要方式表现在它所发展的主导产业上。由此可见，通过主导产业的调整促使生产要素在不同城市之间重新配置，能够改变城市群中各城市产业趋同、产业关联性不强以及无序竞争的状态，使城市间的联系更加紧密，形成产业互补、竞争合作的良好局面，从而有利于提升整个城市群的竞争力，推动区域整体功能的提升。

区域之间的协调发展是分工不断深化的过程。近年来，区域产业分工由产业间分工、产品间分工向产品内分工发展，也就是产品价值链的分工。所谓产品价值链分工，就是由不同地区承担不同环节的专业化生产。目前，在世界著名的城市群这种产品价值链分工普遍存在，这种分工在我国的三大城市群地区也日渐明显。比如，一些跨国公司纷纷把地区总部、研发中心、采购中心等设在中心城市北京或上海，甚至国内的一些大企业也把总部由所在城市迁往北京、上海等超大中心城市，而把制造加工环节放在周边的其他城市。分工深化的趋势使得城市群产业分工有了新的特点，不仅可以根据产业间分工、产业间不同产品的分工，而且可以按产品价值链分工形成错位发展的格局。城市群的城市之间可以通过以下方式进行合理分工：一是根据比较优势原则，各城市选择不同的产业部门进行分工，实现不同产业之间的错位发展；二是城市之间可以就同一产业的不同产品进行分工，实现产品错位发展；三是城市之间可以按照产品价值链的不同环节进行分工，有的城市进行产品研究开发，有的进行设计制造，有的承担产品生产，有的主攻营销服务等，实现职能错位发展。总之，随着分工不断地深化，各城市必须从自身的优势出发，选择恰当的产业部门、产品甚至产业链的某一环节作为重点产业进行发展，形成具有竞争力的优势产业。分工是合作的基础，通过分工的不断升级，使得城市群内可以形成分工合理、错位发展的新格局。

（四）政策规划与城市群城市功能

从城市群城市功能布局的角度看，政策规划是政府对城市群协调发展及其城市功能空间布局加以干预的行为。首先，通过建立相互协调合作的联盟组织，打破地方保护主义。由于城市群是由不同的行政单元组成的，为了避免区域内城市之间因产业趋同而导致的资源浪费和恶性竞争，协调各城市的经济利益便成为城市群政策规划的首要任务，即建立区域合作的协调组织，对城市群发展进行统一规划、进行分工协作等重要事项的决策，促使城市群内的城市在众多领域进行一致行动。如区域基础设施建设、产业结构调整、生态和人文环境的保护等。其次，政策规划不是干预市场经济的行为，是城市群各城市政府为弥补市场缺陷，推动和促进市场经济更加有序进行、资源更优配置的行为。政策规划必须遵循市场经济规律，通过采用适当的调控措施，完成区域内经济存量和增量的布局，促进城市群协调发展。再次，政策规划作为协调区域发展的行为是以解决区域问题为重点的。其主要目标和任务是从区域整体出发，制订出促进区域经济社会发展的一系列措施。通过对当前区域内现存问题进行分析诊断，提出相应的解决办法和路径，指出实施的步骤和时间，促进区域协调发展，缓解或避免影响区域发展问题的深化和发生。通过对区域发展环境及长远发展方向进行判断和把握，提出具有促进区域发展的前瞻性战略举措，推动区域经济的全面发展。最后，政策规划具有动态弹性特征。政策规划的制定和实施既要保证城市群发展的相对稳定性，同时也要根据事物的发展、环境的变化对城市群的城市功能布局及时进行调整，以确保城市群经济社会的协调与可持续发展。

三、城市功能定位

（一）城市功能定位的概念

定位理论最早出现于 20 世纪 60 年代美国的广告界，1969 年 6 月，A·里斯等在美国《工业营销》杂志上首次提出了定位这一概念。定位理论应用于城市发展始于 20 世纪 90 年代。但到目前为止对于定位的理解也多种多样，学者们都从不同角度解释和运用定位的概念。关于城市定位也是这样。如：倪鹏飞认为："城市定位是指城市为了实现最大化收益，根据自身条件、竞争环境、消费需求及其动态变化，确定自身各方面发展的目标、占据的空间、扮演的角色、竞争的位置。"① 周文辉从城市营销的角度认为:"城市定位就是对城市品牌进行设计,从而使其能在目标顾客心目中占有一个独特的、有价值的位置的行动。"② 张鸿雁等从城市社会学的角度认为:"城市定位就是在分析和研究城市发展历史和现状的基础上,对城市的发展模式、发展方向、发展空间及经济布局进行规划的一个总体过程,是城市未来的一种导向,是按照唯一性、排他性、差异性和权威性的原则对城市特色的升华,是找到城市个性、灵魂和核心价值的过程。"③ 虽然学者们都从不同角度对城市定位进行了解释,有的侧重于经济利益角度,有的侧重于城市品牌和形象,有的注重城市的综合发展,但从他们的论述中我们可以概括几个要点:第一,定位是城市对自身发展方向的判断,这种判断必须结合自身资源禀赋、区位条件、发展环境等做出;第二,定位就是要使本城市根据自身优势和区域特色发展具有更大竞争优势的产业;第三,定位是为了使城市与其他城市产生差异,在区域中实现错位竞争,发展独特优势;第四,定位就是要确定城市在特定区域内充当的角色和所处的位置。

本书认为,从区域协调发展的视角来说,城市功能定位是在分析和研究城市自身发展情况的基础上,对城市的发展模式、发展方向和布局进行规划,并确定城市在区域当中的位置和角色,使城市获得更大城市竞争力的同时也使区域获得规模效益的过程。

(二) 城市功能定位的特点

对于区域来说,城市功能定位的"定"就是确定城市所在的区域中城市所应该处于的位置;"位"不仅是指城市在区域中的经济地位,还指城市在区域空间布局中的位置。城市功能的复杂性决定了城市功能定位也是一个复杂的工作,需要把握以下几个特点:

---

①倪鹏飞.中国城市竞争力报告 No.2 定位:让中国城市共赢[M].北京:社会科学文献出版社,2004:97.

②周文辉.城市营销[M].北京:清华大学出版社,2004:48.

③张鸿雁,张登国.城市定位论:城市社会学理论视野下的可持续发展战略[M].南京:东南大学出版社,2008:169.

1. 前瞻性

前瞻性要求定位工作要注重对城市现状进行分析,注重挖掘潜在的资源条件,对面临的机遇、区域中的联系程度等进行分析,站在战略高度,把握城市和相关区域未来发展的方向,从而对城市进行科学合理的定位。

2. 动态性

由于城市是不断发展的,城市功能也必然随之不断发生变化,城市功能定位应当遵循城市发展和城市功能演进的规律而不断调整,也就是说城市功能具有时效性,因此其定位具有动态性。

3. 系统性

系统性要求在城市功能定位中全面地分析发展机遇、自身的优劣势,不仅考虑城市自身发展条件,还要考虑所在区域中其他城市的竞争优势以及城市在区域中的地位,从总体上把握城市的优势领域,从而确定城市的功能定位。

4. 地域性

城市功能都是相对于区域而言的。一方面要求城市定位要立足于城市特色,发挥优势;另一方面必须把城市放在区域中去定位,也要注意区域的特色。这样就可以避免就城市论城市,城市的功能定位要着眼于自身的情况,但离不开区域这个大环境,城市性质要与区域发展条件相适应。城市功能定位也需要用区域分析的方法,从区域整体的角度分析城市与城市之间的关系、城市与区域的关系、城市在区域中的作用和特点等。

(三) 城市功能定位的原则

城市功能定位是制订城市发展战略和规划的前提和基础,它指明了城市发展的方向,因此在城市发展总体战略中城市功能定位是核心组成部分。每个城市都应当重视自身的定位,如果定位得当,就会在促进城市发展的同时带动周边地区的发展;如果定位不准,就可能影响城市的发展进程。因此,在进行定位时应当遵循以下原则:

1. 连续性原则

对历史和现状的充分了解和尊重是城市功能定位合理性的首要条件。城市定位要具有连续性及可持续性,不能因为城市领导的改变而改变。城市定位要讲究科学性和稳定性,既要准确把握现状,同时要站在未来发展的角度,及时发现城市的潜在增长点；既要对外部环境进行充分考虑，又要对面临的挑战进行客观分析；使城市的总体发展目标科学、准确。

2. 区际联系原则

城市总是与区域共生而存在的，只有在区域中城市的功能才能得以发挥，因此，仅从自身考虑的城市功能定位不仅会造成对城市功能的短视和片面性认识，同时会产生因定位不准确而产生的客观结果。无论是竞争还是合作城市，都要与区域中其他地区发生联系，离开区域的定位是缺乏根基的空中楼阁。因此，城市的定位一定要充分考虑城市之间的区域联系，根据与其他城市之间的竞争合作关系来进行城市功能定位，只有这样，才能保证城市功能长期稳定地发展。

3. 突出优势原则

城市个性是城市功能定位的依托和重要目标。以独特的优势培养出的主导功能往往能突出城市的优势。优势能够形成城市的个性，而个性往往是其他城市不具有的，同时也是难以复制的。城市的自然禀赋、地理位置、产业基础、历史文化等方面都可能成为城市发展的独特优势。优势才能产生竞争力，因此，突出优势、培养个性是城市功能定位必然要坚持的原则之一。

4. 可行性原则

城市功能定位是城市健康发展的蓝图与保证，需要有一定的前瞻性，但不是不切实际的求大求洋，或不顾基础的高大上。必须与城市经济社会发展的实际相一致，必须具有现实性，要能够经过努力可以实现，而不是好高骛远的纸上谈兵。

总之，城市功能定位是在城市已有的综合性功能的基础上，进一步深化区别于其他城市功能的个性功能，就是确定城市未来发展的性质，明确对城市发展具有重大意义的、占据主导性和支配地位的城市功能。主要包括：一是依据城市自身的区位条件、发展基础、城市特质以及在国家及区域范围内的作用，确定城市的主导功能；二是依据城市在不同层次区域中的地位及空间区位关系，确定城市区域空间定位；三是依据城市现有的产业基础和发展潜力，进行城市主导产业的选择及未来产业的发展方向的确定，即产业定位。这三个层次相辅相成，城市主导功能定位是根本，区域空间定位是功能定位在城市空间的落地，产业定位是功能定位的基础和支撑，三者有机地构成了城市发展功能定位。

（四）城市功能定位与城市群协调发展

城市群整体功能定位及其内部城市功能定位在空间上实现有效分解是城市群协调发展的基础，而城市群空间网络格局的发展又是城市间功能相互作用的载体，两者相互作用，如果能够针对城市群发展特点选择适合的空间发展模式，那么将形成两者的良性互动。

1. 城市功能网络体系的构建是城市群协调发展模式的基础

城市群内城市功能定位准确，形成有机的功能网络体系，能够促进城市群的协调发展，提升整体的竞争力。首先，在形成的初期阶段，城市群表现为中心城市对于经济腹地的极化作用，吸引周边地区的资源不断涌入中心城市；在发展阶段，表现为中心城市的辐射功能不断强化和辐射范围不断扩大，部分功能开始向周边地区分化和转移；在成熟阶段，表现为城市群内中心城市与其他城市的城市功能不断整合，逐渐形成了城市群这样一个有机的统一体。可以说，城市群的形成过程就是城市之间功能网络体系不断构建的过程，是中心城市功能不断强化和分化更新的过程。因此，城市功能网络体系的合理构建和稳定发展关系到城市群的整体经济发展，是城市群提高其整体竞争力、在国内外分工体系中占据优势地位的基础。其次，城市群是一个有机的整体，城市群内部各城市之间由于地理位置不同、资源条件不同，分别承担着不同的功能，城市竞争力的提升和城市整体功能的发挥，在于城市群内部区域功能有机合理地分工与协作，从而形成整体功能优势。城市群内区域功能严重不协调，都将成为制约城市群经济发展的"瓶颈"，影响城市群整体功能的发挥。单个城市功能和产业是城市群整体优势、综合竞争力的支撑，因此，城市功能定位的明确、各区域主导功能的清晰，形成合理的功能网络体系，不仅可以使城市的发展与城市群的总体发展目标充分衔接，而且可以使各城市功能定位互补，各自发挥比较优势，从而推动城市整体功能最优化，构建起有效率的城市群的经济空间结构。最后，确立各城市的功能定位，构建城市功能网络体系，将有助于打破行政区经济的藩篱，使各个城市明确自身在整个城市群发展大局中应承担的责任，发挥各自应有的作用，推动城市群协调发展。

2. 城市群空间结构是城市间功能相互作用的载体

从城市群空间结构看，在城市群空间结构系统的发展演化过程中，各要素

（人口、经济、社会、空间联系等）是动态的，同时，城市群的发展战略一旦付诸实践，所形成的空间结构将长期处于内部稳定状态。从城市群特定发展阶段来看，城市功能的分布表现出一定的规律性和层次性。首先，城市功能的能性等级的空间布局根据城市群空间结构依次递减。中心城市功能以金融业、商业、行政管理以及生产性服务业为主导，次中心城市以科教、商贸、工业、居住功能为主，其他城市多以工业生产为主。其次，城市功能的空间调整呈现近域整合趋势。中心城市向其周边城市功能辐射的同时也是扩散和渗透的过程。随着中心城市功能强度的提升，逐渐向外扩展，从而导致其周边城市的功能结构与中心城市趋同。此外，城市功能的空间转移遵从距离衰减原理。再次，城市群城市功能的联动关系形成了城市功能网络空间组织结构。城市群内部通过布局合理的城市功能的联动关系，形成了分工协作功能的空间结构。最后，在充分认识城市群空间结构的前提下，分析发展演进的趋势，结合社会、经济、文化的可持续发展的要求，政府部门有意识和有目的地对城市群的空间结构直接进行引导和干预，使得空间结构更加适应社会、经济的发展要求，整个区域的经济要素得到充分利用，实现优化区域资源配置的目标。

第二节 相关理论基础

一、中心地理论

中心地理论是德国地理学家克里斯·泰勒于 1933 年提出的研究城镇空间模式的理论。中心地理论主要研究不同规模等级的中心地之间的分布秩序和空间结构。在现实中，该理论所指的中心地后来被扩展为既可以指城市，也可以指城市内的商业中心。中心地规模不同，提供货物和服务的作用范围也不同。高等级的中心地职能种类多，具有等级低的中心地所没有的一些复杂功能，而且能够提供货物和服务的作用范围大；相对应的是低等级的中心地职能种类少，服务范围小。在中心地理论中，克里斯·泰勒在许多假设的前提下分析了中心地的服务范围，他通过形象的正六边形图式概括和归纳了中心地及其周边所形成的城镇等级与规模关系。虽然现实中不可能存在六边形这样的完美空间格局，但中心地理论所揭示的城镇空间结构规律，以及区域内城镇等级、规模、职能间关系，在一定程度上反映了客观实际。后来德国著名经济学家奥古斯特·廖什（A. Losch）对中心地理论进行了一定的修正。廖什从微观经济学角度分析了城市经济圈，他认为随着以大城市为中心的单一城市市场区域逐渐发展，会形成多个市场网络，将这些网络叠加在一起，从而就会在区域范围内形成重叠程度不同的经济点，就形成了城市经济圈模式。

中心地理论在分析城市群空间结构和功能定位中有重要的指导意义：首先，一个成熟的城市群应该是由中心城市和众多不同规模与等级的城市组成的；其次，不同规模、等级的城市所具有的职能不同，辐射带动的区域不同，因此定位就会有差别；再次，城市群中不同规模、等级的城市在空间结构上应当是网格状的，各个层级的城市都是网格上的节点，而城市群的核心城市是网络的中心。

二、增长极理论

增长极理论，最初用于解释经济的非均衡增长。先是由法国经济学家佩鲁斯提出，后来被法国经济学家保德维尔和拉塞用于解释产业区位和城市集聚的研究中。该理论认为：在一定区域范围内，中心城市是区域发展的"增长极"，中心城市通过极化和扩散两种作用对周边地区产生影响。在增长极发展初期，会更多地通过"极化"作用把周边地区的要素吸引到中心城市，区域发展差距随之拉大。但到了增长极发展的中后期，"扩散"成为中心城市影响周边的主要力量，中心城市通过投资、产业转移、技术扩散等方式带动周边地区的发展，区域经济发展差距缩小，区域发展水平区域均衡。

在研究城市群的发展时，核心城市起着增长极的作用，我国目前的城市群发展实践也验证了这一理论。因此在区域协调发展中，增长极理论有着较好的指导意义。主要表现在：

首先，城市群内核心城市起着增长极的作用，它的发展程度和规模会对城市群其他地区的发展产生较大影响。因此，发展壮大核心城市是辽中南城市群协调发展的重点任务。

其次，城市群内各城市的产业分工、功能定位要考虑与核心城市配套进行。核心城市在发展期内要依靠其他城市的支持和帮助，同时需要周围地区对其进行产业配套，随着核心城市的发展壮大，其对周边的引领辐射范围会更大，城市群的其他城市也要相应地调整自己的战略，做好从核心城市承接产业和接受辐射的准备。

最后，区域内建立协调机制的必要性。由于核心城市发展初期，周边城市的支持会使城市间发展的差距扩大，从而影响它们参与分工合作的积极性，因此要建立城市政府协调发展机制，共同规划城市群的发展，共同协商解决存在的问题。

三、区位理论

区位同位置不同，既有位也有区，还有被设计的内涵。区位是指人类活动的空间，区位理论是揭示人类活动的空间分布及其空间中的相互关系规律的学说。具体地讲，区位理论是研究人类经济行为的空间区位选择及空间区内经济活动优化组合的理论。区位理论最早可追溯到德国经济学家杜能于19世纪初提出的农业区位论，他认为由于生产区位与消费区位之间的距离远近不同，形成了农业生产方式在空间上的同心圆的结构。后又有学者提出了工业区位论，这种理论认为理想的工业区位和企业厂址应当选在生产费用最小的地点。后来韦伯把工业区位论系统化、理论化。最小费用区位原则是韦伯区位论的最大特点，韦伯认为费用最小点就是最佳区位点。艾伦·斯科特（Allen Scott）基于交易成本理论而提出的"新工业区位论"是最新的区位理论研究成果，他认为企业从获取最大利益的愿望出发，往往会采取组织上和空间上都分离的生产方式，但这种生产方式又会导致外部交易费用的上升，企业为了解决这种两难困境，自然而然地产生在一定空间范围内的集聚。

区位理论解释了一定的经济活动为何只在一定区域发生的原因，随着世界经济的全球化发展，以及信息网络的普遍运用，传统的地理区位、几何区位对区域发展前景的作用正在减弱，但是在一定范围和程度上，这些因素仍然具有极其重要的作用，特别是对外联系的门户区位、快速交通枢纽区位、信息区位、新经济网络的节点区位等作用还在上升。总之，区位条件依然是一个地区享有发展优势的重要原因，是区域内城市功能定位的重要依据。

四、区域经济差距理论

区域经济差距理论主要由区域经济均衡发展理论和区域经济非均衡发展理论两种相互对立的理论组成。

区域经济均衡发展理论认为区域要素价格差距在市场机制的驱动下最终会消失。这一理论是建立在马歇尔（A. Marshall）的新古典理论基础上的，其核心思想是在市场经济条件下，资本、劳动力与技术的自由流动，将导致区域发展趋于均衡。其后，由罗森斯坦·罗丹（Paul N. Rosenstein Rodan）为代表提出的平衡增长理论认为，应当在整个工业或国民经济各部门中同时进行大规模的投资，使工业或国民经济各部门按同一比率或不同比率全面发展。区域经济均衡发展理论强调部门或产业间的均衡发展以及区域间或区域内部的平衡发展，主张在区域内均衡布局生产力，空间上均衡投资，各产业齐头并进，最终实现区域经济的协调发展。

区域经济非均衡发展理论主要包括累积的循环因果关系理论、增长极理论、赫希曼的非均衡增长理论、威廉姆森等人的倒"U"形假说、梯度转移理论、弗里德曼的中心外围理论等。缪尔达尔（1944）提出的循环因果关系理论认为由于地区之间发展基础存在差距，在市场经济的作用下会不断扩大差距而不是缩小差距。法国经济学家弗朗索瓦·佩鲁斯（1955）的增长极理论认为经济空间不是均衡的，经济增长并非同时出现在所有的地方，而是首先出现在一些部门即一些增长点上，然后通过不同的渠道向外扩散，并对整个经济产生不同的影响。增长极理论对发展中国家的规划、投资和产业布局都产生了很大的影响。赫希曼（1958）的非均衡增长理论认为经济发展过程中存在两种不同的效应，一个是极化效应，一个是涓流效应；极化效应会加大地区经济发展的差距，涓流效应会缩小地区发展的差距。从长期看，发达地区会产生"聚集不经济"从而出现产业外流。赫希曼的非均衡增长理论为发展中国家设计了一条不均衡发展的道路，说明了实行非均衡增长的意义。同时他还认为欠发达地区的一个典型特征是产业之间缺乏联系，应当优先发展产业关联最大的部门，通过这些产业的发展带动其他产业发展。非均衡增长理论还有说明收入差距发展轨迹的威廉姆森等人的倒"U"形假说以及说明中心区与外围地区差距原因的弗里德曼的中心外围理论等，这些理论的共同特点就是认为不论何时，经济发展的平衡状态是相对的，非均衡发展是绝对的。

总体来讲，平衡理论在现阶段是难以实现的，一定区域内城市发展的目标是协调发展而不是平衡发展，不平衡发展是适应区域经济发展和市场经济规律的。在城市功能定位中，如果忽略了城市之间的不平衡性，不注意错位分工，就难以发挥区域内城市间的整合优势。

五、比较优势与竞争力优势理论

城市发展必定在一定的自然社会经济条件下运行，因此城市功能定位的合理性必须从整个大区域的角度来分析和研究，以避免造成与周边区域重复建设、过度竞争、开工不足、投资效益不高等现象，这就要遵循竞争力优势的原则来进行功能定位。比较优势理论，又称比较成本说，起源于亚当·斯密的绝对成本论。地区或国家为了获取更多的经济利益，绝对成本论要求每个地区应生产并出口成本绝对低的产品。英国经济学家大卫·李嘉图在绝对成本论学说的基础上，运用两国之间的贸易模型提出了比较优势理论，即"两优相权取其重，两劣相衡取其轻"。该理论认为，在国家之间，商品的劳动生产率的差距并非都相等，每个国家不一定生产每种商品，不管是处于优势的国家还是处于劣势的国家，都能够找到比较优势，都应该集中生产优势最大或劣势最小的产品，然后进行国际贸易。也就是说，各国按照比较成本优势进行国际分工，能够在资本与劳动力在国际间不能自由流动的情况下，使得资源配置更优化，对各参与贸易的国家都是有利的。他认为应当推行专业化分工和生产，这样双方都可节约社会劳动成本、规模化生产，从而获得比较利益。继斯密、李嘉图之后，还有约翰·穆勒的相对需求理论、哈伯勒的机会成本学说、赫克歇尔和俄林的要素禀赋论、弗农的产品生命周期论，都包含着这样的重要思想。但比较优势理论有其致命的局限性：其一是假定要素在国与国之间是不流动的；其二是假定各国的供给、生产条件不变，技术完全相同且不存在规模经济。因此，比较优势理论所依赖的前提的不稳定性促使学者们从 20 世纪 80 年代开始将注意力转移到对竞争力的研究，一国产业结构状况并不是一成不变的，各国产业发展具有很强的能动性和可选择性，单纯依靠资源禀赋可能富有，但有可能成为谋求竞争优势的障碍，而资源贫乏虽然是劣势，但同样可以通过高效转换过程创造出竞争力。因此，所谓的竞争力优势，是指在竞争格局中所处的地位，也可理解为吸引外来资源（包括人才、技术、资本等）的能力大小，特别是经济发展的主体——企业。

城市的竞争优势有的是"先天"的，如自然资源禀赋；有的则是"后天"创造的，而形成竞争的最关键要素，往往是经过后天努力不断创造的，而不是由一些先天的资源禀赋带来的。但哪些因素是后天创造的优势呢？有的学者总结出五大因素：第一，从发展环境上来说，城市应当具备高效的管理体系，行政效率高，商务环境好；第二，从硬件上说，应当有现代化的配套基础设施；第三，从软件上说，应当有高水平的社会事业，能保证高质量的生活；第四，从产业上说，现代服务业尤其是生产服务业发达；第五，从人才上说，应当有一定规模的高素质劳动力和高端专业人才。如果一个城市同时具备这些因素，那么这个城市一定是中心城市或者将会成为区域乃至更大范围的中心城市。所以一个城市是否有竞争力优势也是我们确定城市功能定位的重要依据。

因此，应遵循比较优势和竞争力优势的原则来进行城市功能定位，强化差异性原则，避免千城一面。

六、共生理论

"共生"一词源于希腊语，是由德国真菌学家德贝里在 1879 年提出的，是用于研究生物学的概念。德贝里把不同种族生活在一起的状态叫作共生。共生理论为人们认识人类的社会经济关系提供了好的研究视角和方法，促进人类在生存和发展中达到互惠互利的共生状态。共生理论用于城市群的发展也是这样，不同等级和规模的城市共处于同一个区域，它们之间不断地发生着人流、物流、资金流、信息流等的交换，如果它们分工合理，互相支持，互补合作，就能够达到整个区域的最佳共生状态。刘荣增等曾经指出："共生理论又称竞争协和论，城镇区域空间的不断扩展，竞争力和协和力是推动其演化的根本动力。竞争力将空间导向与外界环境相抗争，而协和力则使群体空间整体功能和效率达到协和与共生。"① 如果不加干涉，任其发展，城市之间，尤其是同一级别的城市之间的竞争力大于协和力，就会影响区域的协调发展。

因此，考虑城市功能定位问题，需要对城市群内的城市发展进行统一的规划，根据城市在群内的不同能级进行合理定位，从而使城市群达到更好的共生状态，实现各个城市发展的共赢。

以上六大理论对于分析城市群空间结构、城市功能定位、城市群内产业分工、区域协调发展机制等方面都具有重要的指导意义。但这些理论都是建立在国外城市群微观机制基础上的研究成果，因此需要结合我国实际，运用这些理论对辽中南城市群产业状况、功能定位现状、城市群空间结构及城市群协调机制等问题进行分析，从理论基础到政策选择等方面做出比较贴近现实的合理解释。

本章小结

本书的研究是建立在城市群及城市功能定位的相关理论基础之上的，因此对相关概念进行了界定，对相关理论进行了述评。

（1）在梳理国内外学者研究的基础上，笔者对城市群、城市功能、城市功能定位等概念和相关原理提出了自己的理解，主要是侧重于从区域协调发展的视角来定义和概括这些基本概念和原理。

（2）为了使对辽中南城市群的实证分析更有说服力，本研究充分借鉴了

---

①刘荣增,崔功豪,冯德显.新时期大都市周边地区城市定位研究:以苏州与上海关系为例[J].地理科学,2001,21(2):158-163.

相关的理论作为研究基础。这些理论包括中心地理论、增长极理论、区位理论、区域经济差距理论、比较优势与竞争力优势理论、共生理论。

（3）在陈述这些理论的基础上分别对其进行了评述，指出了它们对本书的意义所在。

第三章　辽中南城市群的发展现状

作为我国老重工业基地的辽宁省，曾经是我国的重要工业强省、经济大省，但改革开放后，无论是经济发展速度还是经济发展质量渐渐地落在了东南沿海经济大省的后面。本章通过分析辽中南城市群的总体发展情况，找到目前城市群协调发展面临的突出问题，指出城市群加快发展的条件和机遇。

第一节　辽中南城市群基本概况

一、城市群概况

由于辽宁省是我国工业化发展较早的地区，城市较为密集，城市发展基础好，因此早在1984年就有学者开始对辽宁省的城市群进行研究，齐鲁平等[①]就提出以沈阳为中心的，包括鞍山、本溪、抚顺和辽阳在内的辽宁省中部城市群的概念。后来有学者[②]把辽宁中部城市群的范围扩大至由包括铁岭的六个城市组成的城市群。1985年成立的辽宁省中部经济协作区（当时包括丹东市），是现在沈阳经济区的前身，这些城市除丹东市外都分布在以沈阳市周围150公里

---

①齐鲁平,孙晋山.辽宁省中部城市群发展战略初探[J].经济地理,1984(3):209-214.
②姜敏.中国东北的"黑三角":辽宁中部城市群在崛起[J].瞭望周刊,1985(10):28-29.

的圆圈之内。改革开放后，大连市逐渐加快发展，在辽宁省的经济实力和地位不断提高。1997 年，陈凡等[1]提出了辽宁省带状城市群的概念，增加了大连、营口和盘锦，指出辽宁带状城市群是以大连市为前沿、以沈阳市周边城市为腹地的城市群。2001 年，朱英明等明确提出辽宁中南部城市群，并把其列为国家级的城市群[2]。其后大多数学者和国家有关文件都把包含辽宁中南 10 个城市的辽中南城市群作为我国重要的城市群进行研究。本书延续目前较为一致的说法，所研究的辽中南城市群是指以沈阳和大连为中心，以哈大铁路沿线的鞍山、抚顺、本溪、盘锦、铁岭、丹东、辽阳、营口为主体构成的城市密集地区，由 2 个副省级城市和 8 个地级市以及 12 个县级市（新民市、瓦房店市、普兰店市、庄河市、海城市、东港市、凤城市、大石桥市、盖州市、灯塔市、调兵山市、开原市）组成。行政区域土地面积为 96715 平方公里，占辽宁省总面积的 65.7%，市辖区面积 11777 平方公里。东西长 570 公里，南北宽 355 公里。

辽中南城市群地处东北老工业基地辽宁省境内，西临京津冀城市群，是环渤海经济圈的重要组成部分；东北与吉林省接壤，东侧与朝鲜相邻；南临渤海和黄海，是东北地区乃至东北亚的重要出海口；与韩国、日本隔海相望，北可至俄罗斯、蒙古等国，在东北亚经济圈中占有重要地位。

沈阳是东北地区最大的中心城市，也是东北地区和内蒙古自治区东部地区的经济中心、交通枢纽和政治文化中心，也是全国最大的重工业基地。大连是东北亚地区的国际航运中心，得天独厚的地理位置，使大连逐渐发展成为东北地区最大的港口城市、对外贸易口岸和独具特色的北方旅游城市。鞍山、抚顺、本溪是全国重要的钢铁、煤炭、矿产生产基地，比较著名的有鞍钢和本钢等。丹东、辽阳、营口、盘锦、铁岭等城市也是传统的以第二产业为主的工业城市。

二、经济发展状况

辽中南城市群是我国重要的工业基地，是东北地区经济最发达的区域，在

---

① 陈凡,胡涓.中外城市群与辽宁带状城市群的城市化[J].自然辩证法研究,1997(10):48-53.
② 朱英明,孙钦秋,李玉见.我国城市群发展特征与规划发展设想[J].规划师,2001(6):78-81.

国内也是城市化水平相对较高的城市群地区。辽中南城市群经济发展情况（2012 年）如表 3-1 所示。

表 3-1　　　　　　　辽中南城市群经济发展情况（2012 年）

	辽中南	辽宁省	东三省	占辽宁省的比例（%）	占东三省的比例（%）
地区生产总值（亿元）	24000.1	24846.4	50477.3	96.6	47.5
全社会固定资产投资（亿元）	18972.4	21836.3	41128.1	86.9	46.1
财政收入（亿元）	1925.1	3105.4	5309.8	62.0	36.3
就业人口（万人）	1794.3	2423.8	5807.5	74.0	30.9
利用外资（亿美元）	249	267.8	322.4	93.0	77.2
进出口（亿美元）	987	1039.9	1663.8	94.9	59.3
金融机构人民币存款余额（亿元）	31223.4	34567.3	63600	90.3	49.1

资料来源：根据《辽宁省统计年鉴 2013》相关数据整理。

由表 3-1 可知，2012 年，辽中南城市群生产总值为 24000.1 亿元，占全省的 96.6%，占东北地区的 47.5%；全社会固定资产投资 18972.4 亿元，占辽宁省的 86.9%，占东北地区的 46.1%；财政收入 1925.1 亿元，占辽宁省的 62%，占东北地区的 36.3%。总的来说，辽中南城市群各项主要经济指标均在辽宁省占有绝对优势，有些指标在东三省都占有绝对优势，如辽中南 2012 年利用外资 249 亿美元，占东三省的 77.2%；进出口占东三省的 59.3%；金融机构人民币存款余额占到整个东三省的 49.1%。从中也可以看出，辽中南城市群是东北地区开放度最高的地区，金融业等服务业相对来说也是东北地区较发达的区域。可以说，辽中南城市群既是辽宁省经济发展核心区，也是东北地区经济发展的龙头，是整个东北地区最有影响力的城市群。

三、人口、教育与科技

辽中南是东北人口最集中的区域，2012 年群内总人口为 3124.8 万人，占辽宁省的 73.6%，占东北地区的 28.9%，而辽中南的土地面积仅占东北地区的

12%。辽中南城市群是东北教育资源较为集中的区域，目前群内拥有普通高校94所，在校生人数达82.24万人，分别占辽宁省的84%和88%，其中沈阳地区有普通高校43所，大连有29所，这两个城市集聚着辽中南大多数的高等教育资源，科技和教育水平在群内遥遥领先。

辽宁省中南部城市在科技方面的投入总量是逐年增加的。2012年，沈阳和大连R&D内部经费支出分别达到141.4亿元和102.8亿元。但与我国其他发达城市比较，辽中南城市群在科技人员和科技实力方面均存在一定的差距，而且在科技投入和产业化方面与发达地区还有很大差距。这也导致了区域内科研数量和质量不高，创新不足，这直接影响了区域经济发展的活力。而且近年来，由于各种原因，该地区很难吸引并且留住高素质人才，2012年辽宁省人口负增长1.3%，因此在科技与教育方面的竞争力可以说是有下降的趋势。

第二节　辽中南城市群与国内三大城市群的比较

随着工业化水平的提高，以及城市化进程的加快，在我国东部沿海形成了人口最密集、经济最发达的长江三角洲城市群、珠江三角洲城市群、京津冀城市群，它们在我国经济发展中发挥着举足轻重的作用，是我国重要的三大经济增长极。通过对这三大城市群的研究和对比，可以发现辽中南城市群存在的不足，同时找到可以借鉴的经验。

一、基本状况比较

城市群是城市化不断发展的特征，目前我国成形的十大城市群，有的成为了全国的经济中心，有的成为了区域经济中心，都对经济社会产生了比较强的拉动作用。我国的长三角城市群、珠三角城市群、京津冀城市群三大城市群具备良好的地理位置和自然条件，基础设施也比较完善。从表3-2可以看出，这三大城市群无论从城市群规模、人口数量、所包含的城市等级等方面都优于辽中南城市群，因此区域影响力也大于辽中南城市群。其中长三角城市群包含18个城市，而且除中心城市上海之外，其中的南京、杭州、苏州、宁波等城市都是实力较强的城市，是我国最具影响力的城市群。

表 3-2　　　　　　　　　　各城市群基本状况比较

城市群	包含的城市	面积（万 km²）	占国土的面积（%）	人口（万人）	占全国人口的比例（%）
长三角城市群	上海、南京、无锡、常州、苏州、南通、扬州、镇江、泰州、杭州、宁波、嘉兴、湖州、绍兴、舟山、台州、合肥、马鞍山	10	1	9501.5	7
珠三角城市群	广州、深圳、珠海、佛山、江门、肇庆、惠州、东莞、中山	2.2	0.229	3094.6	2.29
京津冀城市群	北京、天津、石家庄、唐山、秦皇岛、保定、张家口、承德、沧州、廊坊	18.34	1.9	7524	5.6
辽中南城市群	沈阳、大连、鞍山、抚顺、本溪、丹东、辽阳、营口、盘锦、铁岭	6.47	0.67	3124.8	2.3

数据来源：根据《2013 年中国城市统计年鉴》整理。

二、综合经济实力比较

长三角城市群、京津冀城市群、珠三角城市群是我国经济最发达、人口最集中、竞争力最强、影响最大的地区。它们已完成了由个别城市点扩大并影响到一系列城市的历程，分别在各自的区域内起到了带动和示范作用。长三角城市群内部的工业发展的种类十分齐全，第二产业十分发达，同时教育科研实力也较强，是我国目前人才的聚集地。京津冀城市群拥有我国的政治中心，拥有着无与伦比的区位、人才、技术、政策优势，近年来推进的京津冀一体化，更使得该地区有着巨大的发展空间。珠三角城市群尽管规模和竞争力略逊于长三角城市群，但它是我国三大城市群城市化程度最高的地区，中小企业发达，发展十分具有活力。

从表3-3可见：

（1）从GDP总量、财政收入、社会消费品零售总额、科技支出、高等学校在校学生数等方面看，长三角、珠三角、京津冀城市群都远远高于辽中南城市群。由于长三角城市群包含城市多，且城市发展水平较高，所以各项指标均最高。京津冀城市群由于有两个大都市在内，所以各项指标紧随其后。珠三角城市群所含城市较少，但城市总体发展水平较高，位于第三位。总地来看，三大城市群由于近几十年经济的快速发展，已经形成了多元化的分工协作体系，作为具有国家级影响的城市群，带动了人才和资金等生产要素在城市群范围的集聚，而要素的集聚又促进了产业的发展和城市化进程的加快，使得城市群的发展形成了比较良性的循环。

（2）从人均GDP来看，辽中南城市群低于长三角和珠三角城市群，因为这两大城市群处于我国经济最发达的地区，群内城市经济发展水平普遍较高。京津冀城市群最低，主要是由于北京和天津两大中心城市发展水平虽高，但其他城市经济发展水平普遍不高而下拉了平均数。

（3）从第三产业的发展水平看，辽中南城市群与三大城市群差距明显。

表3-3　　　　　　　　各城市群经济发展主要指标比较

	辽中南	长三角	京津冀	珠三角
人均GDP（元）	64749.8	77071.11	50417.7	75775.78
GDP总量（万元）	240007828	955108203	520176170	477795640
产业结构（%）	8.5：56.3：35.2	5：51.8：43.2	10：48：42	4.3：50.1：45.6
财政收入（万元）	19250707	83012463	56839842	38841449
社会固定支出投资完成额（万元）	189723803	467326284	293933376	139742417
社会消费品零售总额（万元）	139345238	330924882	188485175	167994039
实际利用外资（万美元）	2489507	5909686	2767106	2172963
高等学校在校学生数（人）	822449	3110841	2116838	1391125
科技支出（万元）	838087	5762493	3053140	2007785

数据来源：根据《2013年中国城市统计年鉴》整理。

第三产业的发展是衡量一个国家或者城市地区的现代化水平和地区综合竞争力的重要标志之一。辽中南城市群的三产所占比重比最高的珠三角城市群差 10 个百分点，也说明辽中南城市群的竞争力和现代化水平与三大城市群还有很大差距。从产业结构看，城市群产业结构反映了各地生产要素和资源在各产业之间的分布状况，这一分布状况又反映了每个区域社会分工的格局。辽中南城市群中第三产业比重最大的是沈阳市，第三产业所占比重仅为 43.99%；而长三角城市群中的上海市的第三产业比重达到了 60.5%，珠三角城市群的广州市的第三产业比重为 63.59%，而京津冀城市群的北京市更是达到了 76.46%。这说明第三产业的发展是辽中南地区的短板，未来在实现第二产业优化升级的同时要加快第三产业的发展。

三、空间组织及分工合作体系比较

从城市发展的进程看，城市群或者都市经济圈是目前最有效率的空间组织形态。一般来说，城市群中都有一个以上经济发展水平最高、人口最集中的中心城市，它与周边城市逐渐形成了较为紧密的分工合作关系，同时由于其自身的发展形成了对周边地区经济要素的吸纳功能，也对周边地区的发展具有了带动和辐射功能。从经济学上说，就是中心城市对周边地区同时具有"极化"和"辐射扩散"两种效应。中心城市自身的发展程度直接决定了这两种效应的大小，也就是对周边地区城市作用的大小。在我国三大城市群中，长三角城市群的核心城市上海对周边地区具有较强的辐射带动作用，最接近这种经济学意义的都市圈。虽然作用效果不如上海强大，但珠三角城市群的广州和深圳以及京津冀城市群中的北京、天津对周边地区也都具有一定的辐射带动作用。

通过对城市群中的城市首位度和经济首位度可以说明城镇体系中要素在最大城市的集中程度。1939 年，马克·杰斐逊（M. Jefferson）提出了城市首位律（Law of the Primate City）。为了计算简化和易于理解的需要，杰斐逊提出了"两城市指数"，即用首位城市与第二位城市的人口规模之比的计算方法：$S = P_1/P_2$。许多学者沿用了两城市指数的方法来研究城市群中要素的集中度，此方法虽然有点简单化，但容易理解和计算方便。虽然后来有人提出用四城市指数和十一城市指数来计算要素在城市群的集中度，但应用最广泛的仍然是两城市指数。

在城镇化进程中，区域内首位城市的经济总量与第二位城市的经济总量的比值被称作经济首位度。比值越大，说明首位城市的经济实力越强，对周边的带动和辐射能力越强。

为了对几大城市群中心城市的要素集中程度和其对其他地区的带动能力，本书选取了两个指数来进行对比分析。

城市首位度：

$$S = P_1/P_2 \qquad (3.1)$$

经济首位度：

$$E = G_1/G_2 \qquad (3.2)$$

式（3.1）中，S 是城市首位度（二城市指数），P_1 是城市群中人口最多的城市的人口数量，P_2 是城市群中人口第二多的城市的人口数量。S 反映了城市体系中城市人口在首位城市的集中程度。

式（3.2）中，E 代表经济首位度，它是城市群中经济总量最大的首位城市的生产总值 G_1 与第二位城市的生产总值 G_2 之间的比值，反映了城市群中首位城市的经济规模及其对其他地区的辐射和带动能力。

从表 3-4 可以看出，长三角经济城市群的首位城市上海，2012 年其人口和经济总量的首位度分别为 2.547 和 1.68，说明在长三角城市群中，上海的要素吸纳力极强，其在长三角中的龙头地位是毋庸置疑的。上海通过集聚和扩散两种效应对周边地区发生作用：一是"吸附力"，上海通过吸附力把周边地区的优质资源吸引到上海来，比如高端人才、企业总部、研发中心等；二是"扩散力"，上海对周边城市区域产生较强的辐射拉动作用，如通过产业转移和产业链分工，使周边地区受益。而且，在推进长三角区域一体化发展过程中，群内其他城市能够接受上海的辐射和带动，不仅能够主动承接上海的专业产业，同时通过产业链分工，相互之间形成既竞争又合作的局面，秉承与上海错位发展的思路，共同打造出了我国最大的都市圈经济区。珠三角城市群中，广州的首位度也比较明显，各城市发展水平最为相近且同由一个省管辖，形成了多中心发展格局，但城市群内有比较明显的两个中心城市。京津冀城市群中，无论是人口还是经济总量的首位度都不高，主要是因为"双核心"的发展格局。

所谓"双核心"，就是指在城市群范围内存在两个规模和实力都相当的核心城市，这两个核心城市与其他城市之间的规模和能级差距明显。北京市和天津市都是京津冀城市群的核心城市，而且两个城市间距离还非常近，产业结构类似，竞争动机强烈。由于两大城市的吸附能力共同作用于腹地，在一定程度上影响了河北的发展，致使京津冀城市群成为发展很不平衡的城市群。

与长三角城市群的中心极核型空间结构、珠三角城市群的多中心型空间结构不同，辽中南城市群与京津冀"双核心"城市发展格局类似。从表3-4可以看出，辽中南城市群中，人口的首位城市是沈阳，经济总量的首位城市却是大连，而且经济总量大致相当，形成了明显的"双核心"格局。双核心城市之间经济实力、城市竞争力及辐射能力都大致相当，没有明显的主副关系，两者之间既相互依存又相互竞争。因此，促进城市群内各城市之间合理分工、准确定位、协调融合发展，是辽中南城市群做大做强、向国内外具有竞争力的经济圈迈进必须研究解决的重大历史课题。

表 3-4　　　　　　　　2012 年几大城市群的城市指数值

城市群	人口最多的前两个城市	城市首位度 S	经济总量最高的两个城市	经济首位度 E
长三角城市群	上海、南京	2.547	上海、苏州	1.68
珠三角城市群	广州、佛山	1.795	广州、深圳	1.62
京津冀城市群	北京、天津	1.51	北京、天津	1.39
辽中南城市群	沈阳、大连	1.74	大连、沈阳	1.06

数据来源：根据《2013 年中国城市统计年鉴》计算整理。

通过以上对比分析可以看出，虽然辽中南城市群是东北最具影响力的地区，但与国内较成熟的城市群比较来看，还存在众多不足的方面，突出表现在城市群总体实力不强、第三产业水平偏低、核心城市辐射带动能力不强、城镇体系有待完善等方面。这样的差距一方面有其历史原因，改革开放后，作为老工业基地的辽宁被迅速发展的东南沿海地区所超越；另一方面，随着城市化进程的加快，城市群逐步形成和发展过程中，三大城市群，尤其是其中心城市具有非常强的吸附能力，资金、技术、人才等要素汇集于此，极大地带动了周边地区的发展。由此，辽中南城市群与三大城市群的差距进一步拉大也有着现实的必然性。与三大城市群相比，辽中南城市群的区域规模效益不可能实现超越式增长，与三大城市群比肩成为国家级城市群的可能性也极小。但作为区域性的城市群，辽中南城市群也具备了较好的产业基础和城市等级规模分布的优势，应当借鉴三大城市群的发展经验，积极推动辽中南城市群的加快发展，更好地发挥其在东北地区的增长极作用。

第三节　辽中南城市群协调发展存在的问题

城市群的地位在相当程度上集中反映在其核心城市的吸引与辐射功能的发挥上，而中心城市的功能则产生于合作基础之上的专业化分工。从区域视角看，如果城市的优势得不到应有的发挥，不仅不利于区域的发展，更不利于区域之间的竞争。从总体上看，和长三角、珠三角及京津冀城市群的发展水平相比较，辽中南城市群尚处于起步阶段，还存在着许多不利于协调发展的问题。

一、城市群缺乏统一规划

与国内三大城市群的发展不同，辽中南城市群发展目标不够明确，至今没有出台统一的发展规划。2003 年，国家出台了《长三角都市圈区域规划》，广东省出台了《珠江三角洲城镇群协调发展规划（2004—2020）》，《京津冀协同发展规划纲要》也已出台。由于辽中南城市群缺乏统一规划，不能从区域视角对城市群进行合理的产业布局，使得城市之间没有形成合理的分工与协作，重复建设、产业趋同、低水平竞争制约着整个城市群的发展。同时，过于数量化的考核标准造成地方片面追求数值的增长，辽中南城市群中各城市大多从本身出发进行自身的功能定位，不可能从区域的视角来制定城市发展战略，城市与城市之间也缺少有实质性的合作与交流。区域内政府之间、企业之间的合作与联盟往往是低层次的，造成了城市之间的联系不紧密，分工不明显。因此，统一规划、准确定位、合作协调是辽中南城市群的未来发展道路上不可忽视的关键性问题。

二、核心城市的辐射带动能力不强

城市群中核心城市的经济实力和竞争力对城市群的发展起着至关重要的作用，核心城市的辐射带动能力的大小很大程度上决定了城市群的地位。一般来说，城市群中中心城市的人口相对集中，经济功能完善，综合实力强大，对周边城市和地区有着较强的吸引能力、辐射能力和综合服务能力，能够带动周边地区的发展。可以说，核心城市就是城市群的"火车头"或"龙头"，应当是区域内的经济中心、交通枢纽、文化中心等，是人才、资金、信息、技术的聚集地，有能力带动周边城市共同发展。如果核心城市不能发挥龙头的示范和带头作用，群内城市则"群龙无首"，难以实现优势互补、共同发展。

从上一节辽中南城市群与三大城市群的对比看，作为核心城市的沈阳和大连实力不强，难以发挥有效的辐射带动作用，是辽中南城市群区域影响力不足的主要原因之一。首先，核心城市经济实力不强。2012 年辽中南的核心城市沈阳和大连的 GDP 总量分别为 6602.59 亿元和 7002.83 亿元，而同期上海、北京、广州的 GDP 总量分别为 20181.72 亿元、17879.4 亿元和 13551.2 亿元。辽中南城市群内生产总值最高的大连仅为上海的 34.7%，北京的 39.17%，广州的 51.68%。其次，经济首位度低。相对于上海在长三角的地位，大连和沈阳的经济首位度低，经济总量之比仅为 1.06，中心城市的区域带动作用不明显。最后，第三产业比重低，中心城市的现代化功能不足。从产业结构上看，2012 年沈阳市和大连市的三次产业占国民经济的比例分别为 42.99% 和 41.65%，而同期北京、上海、广州分别为 76.46%、60.45%、63.59%。现今世界的经济竞争的是技术与服务，第三产业的发展，尤其是现代服务业的不断发展才能更好地带动周边地区的发展。沈阳和大连两市的第一、二产业的比重超过了 50%，第三产业发展不足的现状使得沈阳和大连服务区域经济的能力有限，难以成为区域内资源要素配置的枢纽。可以说，沈阳和大连辐射带动能力不足是导致同样处于沿海开放地带的辽中南城市群与长三角、珠三角城市群差距拉大的重要原因。

三、区域内城市间分工不足

首先，从整个区域的产业发展和经济结构来看，辽中南地区各城市同处工业化中期向工业化后期过渡的阶段，虽然近年来各城市之间有了一定的分工和协作，但受原有计划经济的影响，各城市都形成了自己比较完整的产业体系，城市间分割多于依存，竞争多于合作，很难形成合理的分工，产业同构现象较为严重。同时由于政府考核指标主要反映经济发展成果，所以城市之间都从自身利益出发，在项目、资源、投资、市场甚至港口等方面都进行着恶性竞争，竞争的结果虽然在局部和短期内对城市的发展产生了成效，但从区域看，大量的重复投资和建设造成了巨大的经济损失和浪费。其次，从两大核心城市看，由于联合观念的缺乏、行政地位的对峙以及由此形成的区域壁垒和特定时期形成的财政、投资、金融体制等方面的制度障碍等，在争做区域经济发展的"龙头老大"的过程中，出现了明显的工业主导产业趋同现象，二者已经形成了包括传统基础工业、高技术产业和装备制造业在内的自我循环的工业体系，缺乏深层次产业合作，导致彼此经济增长的相关性明显降低。再次，港口过度竞争。港口间的合理分工是区域经济起飞的重要前提之一，无论是从美国东海岸城市带的发展，还是日本太平洋沿岸经济带的发展来看均是如此。但辽中南地区的港口建设却缺乏协调，大连港、营口、葫芦岛等港口之间分工不足，竞争有余。盲目竞争造成大多数港口长期货源不足，吞吐能力闲置和浪费，亏本经营。这一现象严重制约了港口经济特征突出的辽宁沿海经济带的发展。

四、市场化程度低制约了城市比较优势的发挥

市场经济条件下，产业整合和资源优化配置从而实现区域经济协调发展主要靠市场力量直接推动，政府只能发挥间接作用。"强政府、弱市场"是东北经济的最大瓶颈，与三大城市群相比，辽中南城市群区域的市场化程度不高，从目前的实际看，市场经济体制框架虽然基本形成，但市场体系发育不健全，

政府作为市场的主体地位并未完全退出，仍是一个强势政府，拥有国有资产管理权和配置权，决定着地区发展方向，加上现行的财税体制及政绩考核方式等，各市都为本地的经济增长和财政收入增加努力，这导致各市之间在市场准入、优惠政策、社会管理与公共服务等各个领域差异很大，必然导致行政分割、地方保护的形成，阻滞生产要素自由流动和产业整合的进程，各级地方政府的理性行为导致了集体的非理性。市场化水平不足的客观事实一方面决定了企业包袱重，调整难度大，活力不足；另一方面也决定了政府对企业的控制能力强，行政干预多，跨地区生产要素的流动受到限制。在这种情况下，中心城市考虑更多的是如何增强经济集聚功能，而对如何发挥经济辐射功能、带动周边地区的经济发展则关注不够；周边地区在依托中心城市辐射和发挥自身比较优势、准确选择发展方向和产业定位方面也存在差距。

五、城镇体系不完善

完善的城镇网络体系是城市群产业分工、协调发展的基础和条件，目前辽中南城市群的空间结构不利于城市群的协调发展。辽中南城市群由 2 个副省级城市、8 个地级市及 12 个县级市以及 414 个城镇组成。按 2014 年国务院公布的新的城市规模划分标准看，辽中南地区 300 万人口以上的特大城市有沈阳和大连两个城市，100 万~300 万之间的大城市只有鞍山和抚顺，其余的本溪、丹东、营口、辽阳、盘锦均为中型城市，铁岭为人口少于 50 万的小城市。由于群内的资源型城市较多，经济转型面临较多困难，辽中南城市群内除了沈阳、大连、营口有较稳定的人口增长外，鞍山、抚顺、本溪、丹东、盘锦、铁岭都出现了不同程度的人口减少。

从表 3-5 可以看出，辽中南城市群的城市等级结构呈现"伞形"，区域内没有巨大型城市，两个核心城市沈阳、大连是特大型城市，大城市有两座，中型城市占区域内城市数量的一半，只有一个小城市。合理的落差和梯度是形成合作的基础，但无序的差距则会影响到双方在诸多经济领域的权利和义务的平衡，导致双方对各自的经济成长空间和对合作的关注存在很大的差异。从城市规模等级看，核心城市规模不够大，难以发挥辐射带动功能；其余城市规模相差不大，规模等级层次不明显，难以承受中心城市功能的疏解，小城市发展不足，规模级配失衡，城镇体系不完善。

表3-5　　　　辽中南城市群各市辖区人口变化情况（2011—2013年）　　　　万人

年度	沈阳	大连	鞍山	抚顺	本溪	丹东	营口	辽阳	盘锦	铁岭
2011	519.07	297.12	152.09	144.84	94.93	78.80	91.10	74.87	65.12	44.57
2012	522.12	299.17	151.88	144.11	94.19	78.62	91.45	88	63.9	44.1
2013	524.59	301.24	151.42	143.23	93.60	78.45	91.78	87.79	64.08	43.86

六、缺乏统一有效的协调机制

在城市群内实现产业整合和优化地区资源配置的过程中，必然要打破原有的隶属关系和财税分配格局及生产总值统计方式，因此构建城市群发展的利益协调机制显得尤为重要。在我国长三角、珠三角城市群已经建立了较为松散的协调机制，通过行政官员之间的联席会议进行日常协调，通过上级政府的统一规划进行中长期合作。而发展中的城市群只有长株潭城市群设立了长株潭经济一体化办公室，而且这个协调机构仅属于挂靠湖南省发展与改革委员会的议事协调机构，权威性不够，协调能力有限。辽中南城市群目前还没有正式的协调机构，辽宁省政府也没有出台相应的规划，群内的沈阳经济区和辽宁沿海经济带虽然分别有自己的规划和协调机构，但权威性和协调能力也极为有限。由于没有建立统一的权威的协调机制，城市集群政策的协调很难取得实质性进展。辽中南城市群各地方政府在制定本地区的经济政策时很少考虑相互之间的协调沟通，因此不可避免地会产生相互竞争的局面。而且由于各地方政府的行政管理体系中存在着信息的不对称和沟通的不通畅，还往往导致各地方政府在制定经济发展策略时存在着冲突与矛盾。如果这些冲突与矛盾不能得到有效的协调和化解，那么会削弱整个辽中南城市群的集群发展效果，分散集群内部的凝聚力，不利于整个城市群的发展。

第四节 辽中南城市群加快发展的优势与机遇

从上面的分析中我们可以看出，辽中南城市群各项指标与我国沿海地区发达的三大经济圈相比均有较大差距，辩证地来看也说明有很大的发展空间。辽中南城市群资源丰富、区位条件独特、工业基础雄厚，有良好的未来发展能力；又面临着新的战略机遇期，通过相互协调，形成分工合作的发展局面，将会促进辽中南城市群的加快发展。

一、辽中南城市群加快发展的优势条件

（一）丰富的自然资源

辽中南地区除了有丰富的动植物资源外，还有丰富的矿产资源。辽中南城市群地理位置优越，处于环太平洋北部矿带。许多矿产的储量在全国乃至世界都占有重要位置。如菱镁矿的储量占全国的 83.3% 和世界的 23% 左右；铁矿、金刚石居全国首位，滑石、玉石占第二位，石油占第四位。城市群内还有诸如煤、天然气、金、锰、银、白云岩等在全国也占有比较优势的矿产资源。另外，城市群内的辽河油田是我国第四大油田，天然气的储量也极为丰富，排名居全国第五。辽东湾油气田已探明石油储量达 7.5 亿吨，天然气储量达 1000 亿立方米。品种齐全的自然资源和丰富的储量，是辽中南城市群经济社会发展的资源保障，为其加快发展提供了强大的要素支持。

（二）优越的区位和交通

从国内看，辽中南城市群位于东北地区最南端，濒临黄海、渤海，大体以辽东半岛为主体，处在整个环渤海经济圈的最北沿，是环渤海经济带的重要组成部分。从国际看，辽中南城市群北上可达俄罗斯、蒙古，东临朝鲜半岛，与

日本列岛隔海相望，是东北亚的中心。尤其大连是东北地区的重要出海口，具有得天独厚的对外开放条件。

辽宁省是我国的老工业基地，区域内交通体系较为完善。辽中南城市群内以沈阳—大连高速公路（铁路）为主轴，与北京—沈阳高速、沈阳—丹东高速公路相连接，构成了较为完善的公路网络。辽中南城市群内六条铁路相互交错，与公路网一同构成了发达的陆上现代化交通网，六条铁路分别为长大、京沈、沈丹、沈吉、沈承、沈大。以沈阳为中心的辽宁中部城市群正在规划建设"一小时交通圈"，它的建成能够节省辽宁中部城市间交流的时间成本和交易成本，能为辽中南城市群的发展提供巨大的交通支持。此外，由于地理位置的优越，海上及空中运输也比较发达，辽中南城市群内的大连港、营口港是全国著名的主枢纽港，是东北乃至东北亚的重要出海口。辽中南城市群内的沈阳桃仙机场是东北地区航空运输枢纽，大连周水子国际机场是东北亚航空运输枢纽，此外还有丹东机场和鞍山机场。

（三）良好的产业基础

辽中南城市群工业基础较为雄厚。在中华人民共和国成立之前，辽宁中南部的各城市就已经具备了一定的工业基础，钢铁、采煤、发电、炼油等产业的发展已成雏形。中华人民共和国成立后，辽宁省长期以来都是我国重要的工业基地之一，肩负着工业化的重要使命。第一个五年计划的156个大项目中有24项落户辽宁，其中的绝大部分又集中在辽中南城市群中。因此，辽中南城市群在改革开放前就已经成为了我国的工业基地。改革开放后，随着经济的快速发展，工业化水平进一步提高，具有较为雄厚的产业聚集力，是我国核心的重工业基地、装备制造业基地、石化工基地、冶金基地、高新技术产业基地，东北地区的经济贸易往来主要集中于此。

沈阳是辽宁的省会，是东北地区最大的中心城市，是辽宁的政治、经济、文化中心。作为老工业城市，沈阳传统的优势产业是装备制造和机械加工，是全国重要的综合性工业基地；沈阳拥有众多金融保险机构、信息咨询机构，是辽宁第三产业和高新技术企业的集聚地区，承担着辽宁省经济管理中枢的职能。近年来，电子信息、医药化工等产业的发展优势也开始显现。沈阳市是辽宁交通和通讯枢纽，是辽中南城市群的核心城市，文化底蕴深厚，旅游资源丰富，科技和教育事业较发达。

大连市是我国最早的沿海开放城市之一，是我国对外开放的窗口和门户，在辽中南城市群中与沈阳同为核心城市，是区域经济中心，同时也是航运中心和旅游中心。大连是全国重要的机械、石油化工、造船工业基地；大连的软件与服务外包业发达，经济外向度高，外资企业众多；金融业在东北首屈一指，有期货市场大连商品交易所，实现了金融机构的集聚，是东北的金融中心。

鞍山市是一个综合性工业城市。钢铁产业是鞍山的传统优势产业，近年来光电产业、装备制造业、化工性材料和矿产品加工业发展势头也比较好。形成了以钢铁为中心的重化工业门类齐全、配套能力强的工业体系。

本溪市是著名的钢铁城市。由于矿藏丰富，冶金产业是本溪的优势产业。现代生物医药也比较有影响力，是我国的中成药生产基地。本溪的钢铁生加工尤其是特种钢产业也较为发达，同时由于自然条件独特，本溪的旅游业也是其优势特色产业。

抚顺市有较丰富的煤矿资源和石油资源，传统优势产业为煤炭、冶金、石化、装备制造。随着煤炭资源的日渐枯竭，目前抚顺正在寻求转型发展之路。

营口市是东北第二大港口城市，是辽宁沿海经济带和沈阳经济区的交叉点。区位优势明显，工业门类比较齐全，镁制品加工业、钢铁及深加工产业和轻纺工业发达。

辽阳市工业门类齐全，是我国重要的石油化学、化纤工业基地，其传统优势产业有冶金和黑色金属矿采选业、化学原料及化学制品制造业、通用设备制造业等。

盘锦市是著名的油气资源城市。主导产业石油化工业基础雄厚，形成了以石油和天然气开采业、石化及精细化工业、化学原料及制品生产为主体的石油和化工工业体系。此外，由于盘锦自然环境较好，农业比较发达，是全国著名的绿色有机食品生产基地和辽宁省重要的商品粮生产基地。

铁岭市第一产业发达，被称为"辽北粮仓"，是闻名全国的粮食主产区。铁岭的优势产业是优质农产品生产加工、电能源业、汽车零部件配套加工业，是辽宁中部农副产品的重要供应基地。

二、面临的发展机遇

(一) 世界经济处于深度调整期

在国际金融危机的冲击下，发达国家采取了"再工业化"战略，发展中国家在加速推进工业化，世界各国都在采取各种措施促进经济增长，这使得国际分工格局更为复杂。而世界范围内的新一轮技术革命正风起云涌，这一轮以分布式能源、3D 打印、互联网等为代表的技术革命成果将对生产方式、组织方式、消费方式产生巨大的影响。这种影响也带来了新的发展机遇，世界经济的重新布局和深度调整，以及高新技术产业的发展和扩散成为世界趋势。作为发展中国家，应对世界经济结构调整的形势要求我们必须实现国际化战略的转型。要实现从产品国际化向企业国际化转变，实现从商品输出大国向资本输出大国转变，实现从"制造大国"向"制造强国"转变，实现从贴牌生产向品牌创新转变，实现从参与低层次国际分工向高层次国际合作转变战略。辽中南城市群作为老工业基地，要抓住世界经济格局调整的机遇，在做大做强传统制造业的同时要进行结构调整和技术创新，形成战略性新兴产业和传统制造业并驾齐驱的产业发展新格局。

(二) 国内经济新常态的大逻辑

随着国内外形势的变化，我国经济进入新常态，经济增速由高速转向中高速，经济增长由传统的粗放式增长转向可持续增长。在新常态下，经济增长的动力是传统增长方式向新的增长方式的转换过程，是经济重构和发展动力重塑的过程。在新常态下，经济增长的动力更多地依靠创新，要实现有质量和效益的增长。在新常态的大逻辑下，要求辽中南城市加快转型升级，为辽中南经济加快提质增效的步伐带来新机遇。实施创新驱动发展战略，加快提升传统产业，淘汰落后产能，消化过剩产能，积极发展战略性新兴产业。通过实施区域战略，搞好区域布局，加强辽中南城市之间的合作协调，明确各城市的功能定位，实现错位发展，推进区域一体化发展，进而带动整个辽宁省乃至东北地区的发展。

（三）东北振兴的新形势

自 2003 年实施振兴东北战略以来，辽宁经济持续快速增长，但制约经济社会发展的许多深层次矛盾仍未从根本上解决，近年来增长乏力，经济下行压力增大，2014 年，随着国务院出台《关于近期支持东北振兴若干重大政策举措的意见》（简称《意见》），又为东北振兴提供了新的机遇。在《意见》提出的 35 条措施中很多涉及辽中南地区的发展，随着辽宁加快推进体制改革、结构调整、转变发展方式，落实这些相关举措，必将推动辽中南城市群的加快发展。

（四）区域发展格局的调整

我国进入新常态后，国家在统筹国内与国际两个大局的基础上，提出了加快推进丝绸之路经济带和 21 世纪海上丝绸之路建设的倡议。作为"一带一路"倡议中蒙俄经济走廊的重要支撑，辽宁理应在其中发挥作用。辽宁具有转移优势产能的产业基础，装备制造业发达，与沿线国家具有很强的互补性；大连和营口是联结亚欧通道的重要出海口，其中大连金普新区是我国面向东北亚区域开放合作的战略高地。因此，辽宁可以利用中蒙俄经济走廊参与到"一带一路"倡议中，积极引导和发展优势产业，推动辽中南各城市与"一带一路"沿线国家开展经贸合作，成为辽宁参与"一带一路"倡议的重要支点。辽宁是环渤海经济区的重要组成部分，参与京津冀一体化战略有先天的优势。因为地域相邻，交通相连，在经济上与京津冀地区有较强的互补性。辽中南城市群可以充分利用这些机遇，积极整合资源，加强技术创新和相互之间的合作，形成发展合力，共同推动区域的优势产业走出去从而开拓更大的发展空间。

（五）东北亚地区呈现新的发展态势

辽中南城市群是我国东北经济最发达的城市群，东北亚区域经济合作为辽中南的加快发展提供了机遇。俄罗斯开始把国家经济发展战略转向亚太地区。2012 年国务院正式批复了《中国东北地区面向东北亚区域开放规划纲要

（2012—2020 年）》，从基础设施建设、重点产业合作、对外贸易和对外投资方面的合作等领域提出了任务。同年，中日韩自贸区谈判启动。2015 年 6 月 1 日，中韩自贸协定正式签署。中、日、韩三国是全球重要的贸易国家，随着中韩自贸区的建设和中日韩自贸区进程的推进，三国间贸易投资将更加便利，经贸往来将更加密切，对推进东亚和亚太区域经济一体化进程具有重要意义，必将为东北亚的重要发展区域和出海口的辽中南城市群带来重要的发展机遇。

本章小结

辽中南城市群是东北地区经济最发达、人口最集中的经济区域。但与国内三大城市群进行比较看，无论从经济总量、城市群规模、产业发展、中心城市的带动能力等方面还存在着很大的差距。从城市群自身的发展看，也存在着城市群缺乏统一规划、核心城市的辐射带动能力不强、区域内城市间分工不足、市场化程度低制约城市比较优势的发挥、城镇体系不完善以及城市群内缺乏统一有效的协调机制等方面的问题。在新形势下，辽中南地区可以凭借自身工业基础雄厚、自然资源丰富以及具有较好的区位条件等优势条件，把握新出台的东北振兴政策、我国区域发展格局的调整以及东北亚合作的新进展等机遇，顺势而为，完全有可能走出一条定位准确、分工合理的区域协调发展的成功之路。

第四章 辽中南城市群产业发展和城市功能分析

第三章对辽中南城市群的总体发展情况进行了分析和横向对比，这一章将从发展指数、产业结构、外向功能、城市功能定位四个角度对城市群的具体发展情况进行定性与定量的分析，以便准确地把握城市群内城市间的相互关系，以及城市群发展的空间结构和功能特征，为后文提出有针对性的促进城市群整体优化发展的对策措施奠定基础。

第一节 辽中南各城市发展指数的比较分析

城市群中的城市自身的发展水平与实力决定了其在区域内承担的职能和扮演的角色。通过对辽中南群内各城市的发展情况进行对比，对其发展水平进行评估，以利于对其在区域内承担的角色进行准确的定位。

一、研究方法和指标体系

(一) 研究方法

城市发展涉及经济、社会、人口、科技、文化、自然禀赋等多个方面，既有一些容易量化可以衡量的因素，如经济实力、基础设施水平、经济外向度等因素，又包含一些很难加以量化的因素，如城市文化、城市品牌等，给定量评价城市发展指数带来了一定的难度。本书借鉴联合国人类发展指数（HDI）的测量方法，从综合经济实力、城市基础设施水平、对外开放程度、资金融通能力、教育与科技水平五个维度建立辽中南城市发展评价指标体系。其中每个维度都是构成综合指数的分项指数，每个分项指数又由若干个指标合成。根据每个评价指标的上、下限阈值来计算单个指标指数（即无量纲化），指数一般分布在 0~100 之间，再根据每个指标的权重最终合成综合发展指数。采取 Delphi 法确定各级指标的权重，以《辽宁统计年鉴 2013》和《中国城市统计年鉴 2013》中的数据为基础，建立辽中南城市发展评价指标体系。（见附表 1）

(二) 指标体系的构建

城市发展涉及经济、社会、文化、环境、基础设施等方面，有些是可以量化的，如经济实力、基础设施水平等；有些则很难量化，如城市品牌、城市文化。本书选择评价指标时尽量做到选有代表性的指标，能反映城市发展现状和发展潜力的指标，既有操作性又具有可比性的指标。

一级指标：围绕城市的综合实力及发展状况，设定了综合经济实力、城市基础设施水平、对外开放程度、资金融通能力、科技与教育水平五个一级指标。这些指标反映了一个城市的总体发展水平和发展阶段，它们是一个城市竞争力的关键所在，这些指标的大小直接决定着城市竞争力的高低。

二级指标：在现有统计指标以及专家推荐的代表城市综合实力的指标进行筛选的基础上，甄选出 25 个二级指标。辽中南城市发展指数评价指标体系及权重见表 4-1。

表 4-1 　　　　　　　　　 辽中南城市发展指数评价指标体系及权重

一级指标	二级指标			
	序号	指标名称	单位	权重/%
综合经济实力 （30.0）	1	人均 GDP	元	16.67
	2	人均社会固定资产投资额	元	16.67
	3	人均社会消费品零售总额	元	16.67
	4	居民人均可支配收入	元	16.67
	5	第三产业的比重	%	16.67
	6	GDP 增长率	%	16.67
城市基础设施水平 （20.0）	7	人均城市道路面积	平方米	16.67
	8	人均拥有移动电话数	台	16.67
	9	一般工业固体废物综合利用率	%	16.67
	10	污水处理厂集中处理率	%	16.67
	11	城乡居民人均生活用电量	千瓦时	16.67
	12	建成区绿地覆盖率	%	16.67
资金融通能力 （17.0）	13	年末金融机构存款余额	万元	25
	14	年末金融机构贷款余额	万元	25
	15	城乡居民人均储蓄余额	元	25
	16	实际利用外资	万美元	25
对外开放程度 （17.0）	17	对外依存度	%	20
	18	外汇旅游收入	万美元	20
	19	年度进口总额	万美元	20
	20	年度出口总额	万美元	20
	21	外商直接投资	万美元	20
科技与教育水平 （16.0）	22	科技人员占职工的比重	%	25
	23	R&D 经费占 GDP 的比重	%	25
	24	教育支出占财政支出的比重	%	25
	25	普通高校在校生人数	人	25

二、评价结果

依据上述综合发展评价指标体系，根据《辽宁统计年鉴》与《中国城市统计年鉴》，对 2012 年辽中南城市群内的 10 个城市进行了城市发展指数测算。测算结果见表 4-2。

表 4-2 　　　　　　　　辽中南城市群各城市综合发展指数

城市	综合发展指数	排名
沈阳	76.39	2
大连	86.62	1
鞍山	28.69	7
抚顺	25.42	9
本溪	34.58	4
丹东	26.46	8
营口	33.71	5
辽阳	31.74	6
盘锦	35.58	3
铁岭	22.42	10

从 2012 年的指标评价结果看，辽中南城市群的城市发展指数平均值是 41.16，其中发展指数最高的大连是 86.62，其次是沈阳 76.39。而且这两个城市的发展指数远远超过了其他城市，尤其值得注意的是剩下的 8 个城市的发展指数均低于城市群的平均值。排在最后三位的是丹东、抚顺和铁岭，其中抚顺和铁岭是资源性城市。见表 4-3。

表 4-3 　　　　　　　　辽中南城市群发展指数

城市	综合经济实力		城市基础设施水平		资金融通能力		对外开放程度		科技与教育水平	
	指数	排名	指数	排名	指数	排名	指数	排名	指数	排名
沈阳	85.18	1	82.81	2	80.14	2	34.60	2	92.29	1

续表 4-3

城市	综合经济实力		城市基础设施水平		资金融通能力		对外开放程度		科技与教育水平	
	指数	排名	指数	排名	指数	排名	指数	排名	指数	排名
大连	85.13	2	85.13	1	100.00	1	100.00	1	62.85	2
鞍山	41.02	5	37.47	9	19.02	3	12.72	6	21.83	10
抚顺	35.93	7	38.69	8	9.00	9	3.39	8	29.98	8
本溪	39.49	6	46.59	7	10.65	8	21.02	3	50.22	4
丹东	32.27	9	31.21	10	12.12	5	19.30	4	32.45	6
营口	50.38	4	47.28	6	11.44	6	14.00	5	30.12	7
辽阳	34.46	8	56.27	4	10.69	7	1.58	9	50.38	3
盘锦	53.61	3	50.02	5	18.05	4	6.23	7	33.53	5
铁岭	17.90	10	60.17	3	0.38	10	0.95	10	29.93	9

以下是各个分项指数的分析。

（一）综合经济实力指数

综合经济实力指数由人均 GDP、GDP 增长率、人均社会固定资产投资额、人均社会消费品零售总额、第三产业的比重、居民人均可支配收入六项指标构成。根据测算，2012 年辽中南城市群城市综合经济实力指数平均值为 47.53，最大值为 85.18，最小值为 17.9，排在前两位的是沈阳和大连，排在第三、第四位并高于平均值的是盘锦和营口。

（二）城市基础设施水平指数

基础设施是一个城市对社会经济活动承载力的体现，城市基础设施水平指数由人均城市道路面积、人均拥有移动电话数、一般工业固体废物综合利用率、污水处理厂集中处理率、城乡居民人均生活用电量、建成区绿地覆盖率六个指标组成。根据测算，2012 年辽中南城市群城市基础设施水平指数的平均值为 53.56，最高为大连 85.13，第二是沈阳 82.81，排在第三、第四位并高于平均值的是铁岭和辽阳，排在最后两位的是鞍山和丹东。

（三）资金融通能力指数

城市的资金融通能力反映了城市在资金筹集和使用上的程度和水平。资金融通能力指数由年末金融机构存款余额、年末金融机构贷款余额、城乡居民人均储蓄余额、实际利用外资四个指标组成。据测算，2012 年辽中南城市群城市资金融通能力指数的平均值为 27.15，最高为大连 100，其次为沈阳 80.14，其余城市均低于平均值，排在最后的是铁岭 0.38。

（四）对外开放程度指数

对外开放程度在一定意义上反映了城市的国际竞争力。对外开放程度指数由对外依存度、外汇旅游收入、年度进口总额、年度出口总额、外商直接投资五个指标组成。据测算，2012 年辽中南城市群城市对外开放程度指数的平均值为 21.38，排在首位的是大连 100，其次是沈阳 34.60，其余均低于平均值，排在最后两位的是辽阳和铁岭，分别为 1.58 和 0.95。

（五）科技与教育水平指数

城市的科技与教育水平决定了这一个城市的发展水平和未来，是一个城市竞争力的基础。科技与教育水平指数由科技人员占职工的比重、R&D 经费占 GDP 的比重、教育支出占财政支出的比重、普通高校在校生人数四个指标构成。据测算，2012 年辽中南城市群城市科技与教育水平指数的平均值为 43.36，排在第一位的是沈阳 92.29，第二位是大连 62.85，排在第三、第四位并高于平均值的是辽阳和本溪，排在最后的是鞍山 21.83。

三、结果分析

以上对城市群内各个指标进行了评价，借鉴城市地理学的城市空间分布理论和增长极理论，结果分析如下：

（1）从综合发展指数的结果看，大连和沈阳远远超过其他城市，城市群内城市等级分布不均衡，结构略现头重脚轻，说明城市群中核心城市的发展没有较好地带动次一级城市的发展，城市群总体发育不太成熟。

（2）从综合经济实力看，各个城市之间的经济发展水平差距分布不太合理，虽然整个辽中南城市化水平较高，工业基础较好，但城市群的发展还是有很大差距，沈阳和大连实力相当，但与群内的铁岭、丹东、辽阳等城市比较而言差距十分明显。这说明辽中南城市群还没有形成合理的城市等级规模结构。

（3）从资金融通能力可以看出，两大核心城市在资金流方面发挥的吸纳作用大大强于辐射作用，核心城市的辐射和带动作用发挥不明显。

（4）从对外开放程度指数看，大连作为国家首批沿海开放城市以及东北重要的出海口的作用明显，其外向经济能力在辽宁乃至东北都是最强的。

总之，辽中南城市群等级规模结构体系发育还不成熟，核心城市在城市群中还处于集聚作用大于辐射作用的阶段，因此，应该在注重发展经济的同时，通过城市间的合理分工和布局形成更加合理的城镇等级体系。

第二节　辽中南城市群产业结构分析

城市群要形成发展合力、提升整体竞争力，很重要的一点就是城市群内的产业结构优化，城市之间能够功能互补。辽宁作为老工业基地，其产业发展有着很强的路径依赖，曾经为区域经济带来快速发展的产业，有些已成为了发展的瓶颈。本书通过对辽中南城市群的产业结构和产业优势进行测算和分析，为区域内合理分工协作提出有针对性的对策打下良好的基础。

一、宏观产业结构分析

首先，本书以通用的三次产业划分法分析辽中南各城市的产业发展情况，以便对其产业结构有个总体把握。2012 年辽中南城市群各城市三次产业占 GDP 的比重及整个区域三次产业的比重与全国的对比情况，如表 4-4 所示。

表4-4　　　　　　　　　　辽中南城市群产业结构　　　　　　　　　%

	第一产业	第二产业	第三产业
沈阳	4.77	51.24	43.99
大连	6.45	51.9	41.65
鞍山	5.12	53.23	41.65
抚顺	6.88	59.59	33.53
本溪	5.41	60.65	33.94
丹东	13.79	50.08	36.13
营口	7.5	53.5	39
辽阳	6.32	63.18	30.5
盘锦	8.71	67.76	23.53
铁岭	19.82	51.8	28.38
辽中南城市群	8.48	56.29	35.23
全国	10.09	45.32	44.59

　　表4-4中，一个最明显的特征就是辽中南城市群所有城市中的第二产业在GDP中的比重都是最高的，而且比重均高于全国平均水平。从区域整体看，辽中南城市群整体的产业结构状态还是明显的工业化中期的二、三、一产业分布特点。其中第三产业比重低于全国平均水平9.36个百分点，而第二产业比重高于全国平均水平近11个百分点，这一方面说明了辽中南城市群工业化水平较高，第二产业仍然是该地区的主导产业；另一方面说明，近年来辽中南仍没有摆脱原有的发展路径和发展模式，仍处于工业化发展的中期阶段。从城市指标看，群内第二产业占比较高的是盘锦、辽阳、抚顺和本溪，都达到了近60%或以上，说明近年来资源型城市转型发展并不理想。从第三产业看，比重最高的是群内的核心城市沈阳和大连，两个城市的第三产业仅占GDP的43.99%和41.65%，而同期北京的第三产业比重为76.46%，上海为60.45%。如果从单个城市来说，由于区域分工和资源禀赋的原因，三次产业的分布比例并不一定能说明城市的发达程度，但作为区域的核心城市，第三产业比重较低只能说明，核心城市不能很好地发挥辐射和带动作用。所以，从这个角度说，辽中南城市群的发展还处于不成熟阶段。

二、中观产业结构分析

以上通过三次产业分类方法只能从总体上对区域产业情况进行大体分析。为了进一步了解地区产业分工和要素空间分布情况，还需要对城市群产业结构进一步细化分析，使研究更深入。

（一）研究方法及数据来源

在产业结构研究中，运用区位熵指数来分析区域主导产业部门的状况是比较常用的方法。区位熵是一个衡量某一区域要素的空间分布情况，综合反映区域的产业生产能力和比较优势，以及区域产业在高层次区域的地位和作用等方面很有意义的指标。所谓熵，就是比率的比率。区位熵是由哈盖特所提出的概念，其反映了某一产业部门的专业化程度，以及某一区域在高层次区域的地位和作用。区位熵的计算公式为

$$LQ_{ij} = \frac{Q_{ij}/Q_j}{Q_i/Q}$$

式中，LQ_{ij}是 i 地区的 j 产业在全国的区位熵，Q_{ij}是 i 地区的 j 产业的相关指标（例如产值、就业人数等），Q_j 是 j 地区所有产业的相关指标，Q_i 指在全国范围内 i 产业的相关指标，Q 为全国所有产业的相关指标。LQ_{ij}的值越高，地区产业集聚水平就越高，一般来说：当 $LQ_{ij}>1$ 时，我们认为 i 地区的 j 产业在全国来说具有优势；当 $LQ_{ij}<1$ 时，我们认为 i 地区的 j 产业在全国来说具有劣势。区位熵方法简便易行，可在一定程度上反映出地区层面的产业集聚水平。

根据此方法，下面按照国民经济行业分类的 19 个产业类别，采用区位熵分析法，采用《2013 年中国城市统计年鉴》和《2013 年中国统计年鉴》的相关数据对辽中南城市群各城市的产业进行了测度。结果如表 4-5 所示。

表 4-5 　　　　　 2012 年辽中南城市群城市各部门区位熵指数

城市	沈阳	大连	鞍山	抚顺	本溪	丹东	营口	辽阳	盘锦	铁岭
农业	0.128	0.279	0.372	0.686	0.323	0.504	0.115	0.951	17.509	3.553
采矿业	0.434	0.048	0.245	3.039	1.734	0.310	0.250	0.301	5.532	4.816
制造业	1.100	1.520	1.416	1.053	1.201	0.837	1.346	1.188	0.312	0.317
电力、燃气及水的生产和供应业	1.260	0.696	1.096	1.923	1.575	1.154	1.269	0.940	0.535	1.845
建筑业	0.473	0.653	1.136	1.020	0.808	0.773	0.653	1.053	0.515	0.614
交通运输、仓储及邮政业	0.985	1.081	0.697	0.631	0.544	0.598	0.705	0.344	0.517	0.325
信息传输、计算机服务和软件业	0.846	1.353	0.485	0.591	0.761	1.121	1.881	0.521	0.210	0.719
批发和零售业	0.838	1.435	0.588	0.230	0.291	0.501	0.686	0.343	0.285	0.081
住宿和餐饮业	1.207	2.113	0.490	0.464	0.684	1.313	0.842	0.654	0.362	0.794
金融业	0.942	1.061	0.910	0.832	0.854	0.793	1.013	1.010	0.404	1.053
房地产业	1.411	1.921	1.002	0.684	1.522	2.335	0.637	0.589	0.545	0.494
租赁和商务服务业	1.831	0.629	0.861	0.479	0.366	0.468	0.789	0.613	0.322	0.715
科学研究、技术服务和地质勘查业	2.488	0.872	1.485	0.841	0.583	2.059	0.465	0.856	0.508	1.057
水利、环境和公共设施管理业	1.853	0.794	1.733	1.717	1.250	2.593	1.663	2.867	1.047	1.404
居民服务和其他服务业	0.959	0.832	1.551	0.911	0.454	0.896	0.218	0.360	0.352	0.615
教育	1.110	0.690	0.725	0.761	0.836	1.304	0.848	0.950	0.337	1.231
卫生、社会保障和社会福利业	1.371	0.814	0.983	0.981	1.960	1.825	0.927	1.235	0.329	1.108
文化、体育和娱乐业	1.615	0.968	0.678	0.750	0.687	0.950	0.760	1.041	0.423	0.730
公共管理和社会组织	0.839	0.579	0.752	0.837	0.800	1.032	1.129	1.238	0.547	1.492

（二）数据分析

从行业指标来看，十个城市中只有盘锦和铁岭的农业区位熵高于1，说明辽中南地区的农业并非主导产业，在全国不占有优势。在第二产业的采矿业区位熵中，抚顺、本溪、盘锦和铁岭均大于1，而且抚顺的采矿业区位熵达到3.039，铁岭为4.816，盘锦更高达5.532，表明这几座城市目前仍然属于矿产资源型城市。从第二产业中的制造业区位熵指数看，群内除了丹东、盘锦和铁岭，其余7个城市的制造业区位熵数值均大于1，其中最高的是大连，达到1.52，说明辽中南地区的制造业仍是主导产业，仍然在全国具有一定的优势。在第三产业的各行业指数中，沈阳有8个行业的区位熵大于1，同群内其他城市相比，沈阳最有优势的是科学研究、技术服务和地质勘查业，区位熵达到2.488，水利、环境和公共设施管理业以及租赁和商务服务业与文化、体育和娱乐业的区位熵均超过1.5，教育、卫生等也较为发达，说明沈阳市在辽中南城市群内第三产业发展较好。大连最具优势的是信息传输、计算机服务和软件业以及住宿和餐饮业、金融业和房地产业。在城市群内这两个城市的第三产业发展水平较高，且具有一定的优势。其他城市仅有个别行业区位熵指数在群内较高，如营口的交通运输、仓储及邮政业，丹东的房地产业，辽阳的水利、环境和公共设施管理业，在产业专业化分工比较中也都有一定的优势。

从总体上看，目前整个辽中南城市群发展最好的依旧是第二产业，而且盘锦、铁岭和抚顺还是典型的矿产资源型城市。沈阳与大连第三产业的发展虽已呈现好的趋势，但优势并不明显，相应的辐射带动区域的功能略显不足。由于信息技术产业不发达，工业的优势产业仍停留在传统的制造业上，仍具有典型的工业化中前期工业不发达的特征。

三、微观产业结构分析

前面通过三次产业结构分析了辽中南城市群总体状况和水平，又通过区位熵分析了各城市要素的布局和产业优势情况。由于主导产业对于一个城市功能的定位起着决定性的作用，所以要对辽中南城市群各城市的主导产业或支柱产业进行分析。

如表4-6所示，作为老工业基地，辽中南城市群工业基础较为雄厚，门类齐全，较好地利用自然资源形成了具有比较优势的产业体系，在装备制造业、石油化工、造船、钢铁精深加工等行业都具有一定的优势。从区位熵数据看，辽中南城市群中有7座城市制造业在全国具有优势。但也要看到，辽中南城市群产业发展的不协调之处：第一，从各城市的主导产业看，产业结构严重趋同，从表4-6可以看出，城市群内有7座城市的重点发展产业有装备制造业，5座城市把新材料、石油化工、钢铁作为主导产业，4座城市把汽车零配件作为重点发展产业。这就必然造成群内城市之间相互竞争，不仅浪费资源，容易造成产能过剩，同时也不利于城市间形成紧密的合作关系，不利于城市群内部发展和整体竞争力的提升。第二，第三产业整体发展滞后。从各个城市的主导

表4-6　　　　　　　　　　　　　**辽中南城市群主导产业情况**

城市	主导产业
沈阳	先进装备制造、汽车及零部件、机床及功能部件、电气及配件、软件及电子信息、农产品精深加工、手机（光电）、通用及专用机械、医药化工、现代建筑和民用航空信息、新材料、新能源、现代服务业
大连	装备制造、石化、造船、电子信息产品制造业、软件与服务外包、汽车及零部件、农产品深加工、新能源及装备、生产性服务业
鞍山	精特钢和钢铁深加工、菱镁新材料、装备制造、煤焦油深加工、石油化工、光电产业、建筑业
抚顺	石油化工、装备制造、冶金、油母页岩资源深加工、新材料、旅游业
本溪	冶金、生物医药、钢铁深加工、旅游度假
丹东	汽车及汽车零部件、钢铁等材料、电子信息、农产品加工、仪器仪表、专用设备制造及纺织服装
营口	钢铁及深加工、镁质产品及深加工、石化、电机、输变电、船舶、港口机械、汽保设备、汽车配件
辽阳	芳烃和精细化工、工业铝材、高压共轨、日用化工、钢铁精深加工、装备制造业、商贸业、旅游业
盘锦	海洋工程装备、新材料、电子信息、石油化工、临港物流业、农产品加工
铁岭	先进制造业、新能源、节能环保、生物制药、新材料、高新技术产业、农产品加工

资料来源：辽中南城市群各城市的重点发展产业均来自各城市的"十二五"规划和相关文件。

产业看，大多为制造业，除了软件服务业、旅游业、商贸业，作为最能产生辐射带动作用的其他生产性服务业都没有作为城市群里的主导产业。第三产业的整体发展落后，又影响了辽中南地区产业结构转型升级的速度和资源型城市的转型。第三，没有形成合理的分工合作体系。各个城市基本上都建立了"大而全，小而全"的产业体系，合理的分工与合作关系还没有在两大核心城市之间以及核心城市与其他城市之间形成。城市群内部除了钢铁制造与加工以及部分装备制造业在几个城市之间存在一定的配套关系以外，其他的各个产业在各个城市内基本属于独立发展、自成体系的状态，经济发展的关联性不强。

四、结果分析

以上分别从宏观、中观和微观三个角度对辽中南城市群产业结构进行了分析，可以得出如下结论：

（1）从宏观上看，第二产业比重高是最明显的特征。辽中南城市群所有城市中的第二产业在 GDP 中的比重都是最高的，而且比重均高于全国平均水平。从区域整体看，辽中南城市群整体的产业结构状态还是明显的工业化中期的二、三、一产业分布特点。第三产业的整体发展落后，又影响了辽中南地区产业结构转型升级的速度和资源型城市的转型。

（2）从中观上看，各城市的优势行业主要集中在第二产业，只有盘锦和铁岭的第一产业具有一定优势。在第二产业的采矿业区位熵中，抚顺、本溪、盘锦和铁岭均具有较大优势，表明这几座城市目前仍然属于矿产资源型城市。城市群内绝大多数城市的制造业在全国占优势。第三产业中的各行业均具有优势的城市没有，发展最好的是沈阳和大连，但优势不明显，相应的辐射带动区域的功能略显不足。

（3）从具体产业看，产业结构趋同，没有形成合理的分工体系。装备制造业、新材料、石油化工、钢铁等产业成为多个城市竞相发展的主导产业，这就必然造成群内城市之间相互竞争，不仅浪费资源，而且容易造成产能过剩。从各城市要发展的主导产业看，都基本上追求建立"大而全，小而全"的产业体系，合理的分工与合作关系还没有在两大核心城市之间以及核心城市与其他城市之间形成。

第三节 城市群内外向功能强度分析

城市流是城市与周围地域发生联系时的经济活动，城市时刻都在与周围的地域发生着空间联系，形成彼此之间的人、财、物、技术及信息的空间流动。这种要素资源和技术信息的空间流动使得城市群内的集聚和辐射功能得以实现。根据以往的研究，学者们通常用城市流强度表示在城市群内城市间的联系中城市所能产生的影响力。通过对城市流强度的测算，有利于了解和把握城市群内各城市的外向功能及其对群内其他城市产生的辐射和带动作用，从而有利于城市的准确定位。

一、分析方法

城市流强度是指在城市群区域内城市间的联系中城市外向功能（集聚与辐射）所产生的影响量，也就是城市之间发生经济活动时产生的要素流动强度。国内学者普遍运用的分析方法都是姚士谋等人提出的公式：

$$F = N \times E$$

式中，F 为城市流强度；N 为城市功能效益，即各城市之间单位外向功能量所产生的实际影响；E 为城市外向功能量，反映了城市外向功能的大小。

根据指标的可获取性及代表性原则，采用城市从业人员数作为城市功能量的度量指标，而城市是否具备外向功能量 E，主要取决于该城市某一部门从业人员的区位熵。i 城市 j 部门从业人员的区位熵 LQ_{ij} 为

$$LQ_{ij} = \frac{Q_{ij}/Q_j}{Q_i/Q} \qquad (4.1)$$

当 $LQ_{ij} < 1$ 时，说明 i 城市的 j 部门没有外向功能，即 $E_{ij} = 0$；如果 $LQ_{ij} > 1$，则 i 城市的 j 部门存在着外向功能。因为城市的总从业人员中分配给 j 部门的比例

超过了全国的分配比例，即 j 部门在 i 城市中相对于全国是专业化部门，可以为城市外区域提供服务，因此，i 城市 j 部门的外向功能 E 为

$$E_{ij} = Q_{ij} - Q_i(Q_j/Q) = Q_{ij} - Q_{ij}/LQ_{ij} \qquad (4.2)$$

i 城市 m 个部门总的外向功能量 E_i 为

$$E_i = \sum_{j=1}^{m} E_{ij} \qquad (4.3)$$

i 城市的功能效率 N 用人均从业人员的 GDP 表示，即

$$N_i = G_i/Q_i \qquad (4.4)$$

式中，G_i 为 i 城市的 GDP。

i 城市的城市流强度 F_i 为

$$F_i = N_i \times E_i = (G_i/Q_i) \times E_i = G_i \times (E_i/Q_i) = G_i \times K_i \qquad (4.5)$$

式中，"K_i 是城市流倾向度，是城市外向总功能量占总功能量的比例，反映了城市功能量的外向程度"[1]。

二、指标的选取

国内学者用城市流强度时，大多选取产生对外服务较多的第三产业中的部分行业的区位熵作为计算城市外向功能量的基础。也有人提出第二产业中的制造业，也应该作为城市外向功能量的变量（吕泽南，2011）[2]。由于分工的不断细化，制造业也有比较强的聚集功能。制造业和具有外向服务的部门能够更好地反映城市的对外服务能力。本书依据现行的统计标准，在《2013 年中国统计年鉴》和《2013 年辽宁统计年鉴》中地区经济活动的 19 个行业中选取制造业，交通运输、仓储及邮政业，信息传输、计算机服务和软件业，批发和零售业，住宿和餐饮业，金融业，房地产业，租赁和商务服务业，科学研究、技术服务和地质勘查业，教育，文化、体育和娱乐业 11 个行业的数据作为分析辽中南城市群城市流强度的基础。（见附录）

---

①姚士谋,陈振光,朱英明,等.中国城市群[M].3 版.合肥:中国科学技术大学出版社,2008:110-116.

②吕怿南.辽中南城市群产业结构异同和城市间功能关联研究[D].大连:辽宁师范大学,2011:28-30.

三、辽中南城市群的城市流强度

把表4-5中辽中南10个城市的主要外向部门的区位熵挑选出来构成表4-7。

表4-7 2012年辽中南城市群各城市主要外向部门的区位熵

城市	沈阳	大连	鞍山	抚顺	本溪	丹东	营口	辽阳	盘锦	铁岭
制造业	1.100	1.520	1.416	1.053	1.201	0.837	1.346	1.188	0.312	0.317
交通运输、仓储及邮政业	0.985	1.081	0.697	0.631	0.544	0.598	0.705	0.344	0.517	0.325
信息传输、计算机服务和软件业	0.846	1.353	0.485	0.591	0.761	1.121	1.881	0.521	0.210	0.719
批发和零售业	0.838	1.435	0.588	0.230	0.291	0.501	0.686	0.343	0.285	0.081
住宿和餐饮业	1.207	2.113	0.490	0.464	0.684	1.313	0.842	0.654	0.362	0.794
金融业	0.942	1.061	0.910	0.832	0.854	0.793	1.013	1.010	0.404	1.053
房地产业	1.411	1.921	1.002	0.684	1.522	2.335	0.637	0.589	0.545	0.494
租赁和商务服务业	1.831	0.629	0.861	0.479	0.366	0.468	0.789	0.613	0.322	0.715
科学研究、技术服务和地质勘查业	2.488	0.872	1.485	0.841	0.583	2.059	0.465	0.856	0.508	1.057
教育	1.110	0.690	0.725	0.761	0.836	1.304	0.848	0.950	0.337	1.231
文化、体育和娱乐业	1.615	0.968	0.678	0.750	0.687	0.950	0.760	1.041	0.423	0.730

从表4-7可以看出，辽中南城市群中外向功能最好的城市是沈阳和大连，有7个部门的区位熵大于1，丹东有5个部门的区位熵大于1，盘锦的外向部门区位熵均小于1。从这里也能看出，作为核心城市的沈阳和大连，核心作用不明显，因为两个城市中没有一个城市的外向部门的区位熵全部大于1。

利用式（4.2）（$LQ>1$）计算i城市j部门的外向功能量E_{ij}（$LQ_{ij}<1$时$E_{ij}=0$），利用式（4.3）求出各城市的外向功能量E_i。（见表4-8）

表 4-8   **辽中南城市群各城市外向功能量**   万人

城市	沈阳	大连	鞍山	抚顺	本溪	丹东	营口	辽阳	盘锦	铁岭
制造业	2.98	15.53	6.05	0.44	1.48	0.00	2.68	0.94	0.00	0.00
批发和零售业	0.00	0.40	0.00	0.00	0.00	0.00	0.00	0.00	0.00	0.00
交通运输、仓储及邮政业	0.00	1.65	0.00	0.00	0.00	0.14	1.07	0.00	0.00	0.00
住宿和餐饮业	0.00	0.81	0.00	0.00	0.00	0.00	0.00	0.00	0.00	0.00
信息转输、计算机服务和软件业	0.32	1.74	0.00	0.00	0.00	0.12	0.00	0.00	0.00	0.00
金融业	0.00	0.23	0.00	0.00	0.00	0.00	0.01	0.01	0.00	0.04
房地产业	0.79	1.77	0.00	0.00	0.25	0.63	0.00	0.00	0.00	0.00
租赁和商务服务业	1.71	0.00	0.00	0.00	0.00	0.00	0.00	0.00	0.00	0.00
科学研究、技术服务和地质勘查业	3.46	0.00	0.55	0.00	0.00	0.60	0.00	0.00	0.00	0.03
教育	1.28	0.00	0.00	0.00	0.00	0.86	0.00	0.00	0.00	0.56
文化、体育和娱乐业	0.60	0.00	0.00	0.00	0.00	0.00	0.00	0.01	0.00	0.00
E_i	11.14	22.13	6.60	0.44	1.73	2.35	3.76	0.95	0.00	0.63

表 4-8 表明，区域内中心城市沈阳和大连的外向功能量均超过了 10，大连达到 22.13，说明这两个城市对周围城市具有一定的辐射和带动作用，在城市群中对外联系较多，对外服务功能较强。沈阳作为辽宁的省会、东北的最大城市，在科技服务、商务服务、教育等方面的城市流强度较大，尤其是近年来沈阳经济区的提出加强了沈阳同周边城市的交流。大连作为东北的出海口，有着较为优越的区位优势，在制造业、软件信息服务业、运输业、房地产业等方面的外向功能量较高，对周边城市有较强的影响力。同时可以看出，辽中南地区许多城市第三产业比例偏低，其外向服务部门的功能量都不高，甚至多数为零，总的城市外向功能量也偏低，资源型城市盘锦还为 0，说明辽中南城市群中多数城市综合服务功能较弱，对外辐射和集聚的功能不足。

根据 2012 年辽中南各城市的行业从业人员数和 GDP 总量，利用式

（4.4）、式（4.5）求出各城市的城市功能效益、城市流强度及城市流倾向度，见表4-9。

从表4-9可以看出，根据城市流强度及城市流倾向度，辽中南城市群内的10城市分为三类：一是在城市群中外向功能强、城市流强度高的沈阳和大连，显然处于城市群中的核心；二是中城市流强度和外向功能的城市，它们是鞍山和营口；三是在城市群中城市流强度较低、城市外向功能较弱的城市，包括丹东、本溪、辽阳、铁岭、抚顺和盘锦。高城市流强度的沈阳和大连与外界区域的联系较为紧密，是整个城市群的中心城市，中城市流强度的鞍山和营口分别是沈阳经济区和辽宁沿海经济带的重要节点城市。值得关注的是营口虽然人口不多，城市规模不大，但随着营口港的发展，使得营口的城市外向功能不断增强。盘锦虽然经济实力不弱，但几乎没有外向服务功能。从这里也可以看出，对外界的聚集和辐射功能的强弱并不完全取决于城市的经济实力。

表4-9　　　　辽中南城市群各城市城市流倾向度与城市流强度

城市	GDP /亿元	城市从业人员数/万人	城市功能效益 N/（万元/人）	城市流强度 F/亿元	总外向功能量 E/人	城市流倾向度 K
沈阳	6602.59	107.10	616512.75	686.80	11.14	0.10
大连	7002.83	106.73	656101.20	1451.69	22.13	0.21
鞍山	2429.32	51.95	467669.91	308.44	6.60	0.13
抚顺	1236.37	29.93	413139.19	18.38	0.44	0.01
本溪	1112.36	26.34	422374.37	73.13	1.73	0.07
丹东	1015.37	26.21	387346.00	91.18	2.35	0.09
营口	1381.18	27.71	498518.68	187.54	3.76	0.14
辽阳	1000.49	17.80	562229.90	53.46	0.95	0.05
盘锦	1244.96	44.22	281540.75	0.00	0.00	0.00
铁岭	975.33	22.22	438867.43	27.43	0.63	0.03

四、结果分析

总体来看，辽中南城市群虽然城市化水平较高，工业基础较好，但由于三产比例低，许多城市综合服务功能较弱，城市之间的相互作用并不强，要素流动也不均衡，空间联系并不紧密。

首先，对于城市流强度值较高的沈阳和大连来说，作为城市群的中心城市要发挥其集聚与辐射作用，就不仅需要增强城市的总体实力，更要提高其综合服务能力。但这两个城市的城市流倾向度并不很高，说明它们对区域内其他城市发挥的聚集和辐射作用有限。

其次，对于城市流强度中等的次中心城市鞍山和营口来说，今后的发展除了进一步加强城市综合服务能力的建设外，增强总体实力更为迫切。只有这样才能真正提高与其他地区经济联系的强度，促进其健康发展。

最后，对于城市流强度低的中心城市丹东、本溪、辽阳、铁岭、抚顺和盘锦来说，重点应放在产业结构的转型升级上，与城市群其他城市在产业上形成前向、后向与旁侧联系的网络关系，提高其总体实力。

第四节　辽中南城市群城市功能定位分析

城市的功能是多方面的，既有生态功能、社会功能，还有经济功能，一个城市的功能也是随着城市的不断发展而丰富和发展的。城市的主导产业往往决定着城市的主导功能，而城市也往往通过发展主导产业来拓展或者改变城市的功能定位。每个城市都有自己的定位，如果能从区域视角来审视自己，准确定位，不仅有利于自身的发展，更能够推动区域的整体协调发展，带来更大的效益。

目前辽中南城市群中的沈阳经济区和辽宁沿海经济带都上升为国家战略。从现实发展看，国家和辽宁省也把沈阳定位为辽中部城市群的核心城市，把大连定位为辽宁沿海经济带的核心和龙头，而其他城市的定位也应当在这个框架下进行。表4-10是从辽中南各城市的发展规划和相关文件中归纳出的各城市目前的发展定位和重点发展产业。

表4-10   辽中南城市群城市功能定位

城市	城市功能定位
沈阳	建设国家中心城市、先进装备制造业基地、生态宜居之都、区域性的金融物流中心、面向东北亚的现代化大都市
大连	区域核心城市、东北亚国际航运中心、东北亚国际物流中心和东北地区金融中心、现代产业聚集区、生态宜居城市
鞍山	世界级精特钢和钢铁深加工基地、世界级菱镁新材料产业基地、亚洲温泉旅游城、东北钢铁物流中心
抚顺	全省先进城市、沈阳经济区商贸物流中心、国家先进能源装备制造业基地、生态宜居之城
本溪	全国百强地级城市、国家级生物医药产业基地、生态健康宜居现代化城市
丹东	辽宁沿海地区新的经济增长极、辽宁对外开放的新高地、国际化港口城市和"文明、生态、繁荣、富裕"的宜居佳地
营口	实力之城、活力之城、魅力之城、和谐之城，"中国汽保基地""中国北方乐器之都"
辽阳	特大型城市、省内第一温泉旅游集聚区、生态型温泉新城以及东北亚地区最大、最具竞争力的皮装裘皮生产、研发、销售集散中心
盘锦	加快资源型城市转型发展，建设更具实力、活力和竞争力的滨海新盘锦
铁岭	省内中心城市、生态之城、宜居之地、时尚之都

资料来源：辽中南城市群各城市的功能定位均来自各城市的"十二五"规划和相关文件。

一、核心城市的功能定位分析

从表4-10中可以看出，沈阳给自己的定位有三个层次。一是总的定位是国家中心城市。国家中心城市就是"在经济、政治、文化、社会等领域具有全国性重要影响，并能代表本国参与国际竞争的主要城市，是一个国家综合实力最强、集聚辐射和带动能力最大的城市代表"。其内涵是：一方面要有足够高的、能对全国产生影响的经济、文化、社会乃至政治的能量实力，即城市的"能级"高、综合竞争实力强；另一方面要辐射至足够广阔的空间，即中心城市要对腹地具有引领、辐射、组织和服务能力，具有相应的产业结构、交通网络、基础设施和服务功能①。这里代表本国参与竞争的范围主要是东北亚，因此定位为面向东北亚的现代化大都市。二是从经济功能上的定位是：先进装备制造业基地、区域性的金融物流中心。三是生态功能定位是生态宜居之都。

大连作为东北的重要港口城市，是辽宁沿海经济带的龙头，它的总体定位是区域性核心城市，这里的"区域"指的是东北亚。大连的经济功能定位概括为"三个中心，一个聚集区"，即东北亚金融中心、物流中心、航运中心和现代产业聚集区。生态功能定位为生态宜居城市。

从前面两节的分析我们可以看出，沈阳和大连在群里的实力远远超过其他城市，辽中南城市群是典型的"双核心"格局。但同时经过分析可以看出，沈阳和大连目前由于第三产业不发达，从区位熵看，具有外向功能的行业数量也有限，对区域的辐射和集聚影响力不强。因此，沈阳和大连对自己的发展定位相对来说体现了要更好地发挥核心城市的作用的意图。但就目前沈阳和大连的综合实力来说，在近期成为国家级中心城市和东北亚区域性核心城市的目标不易实现，但可以作为远期发展目标。近期应当把怎样发挥省内核心城市、东北中心城市的作用作为城市发展的目标定位。

二、其他城市的功能定位分析

抚顺、丹东和铁岭有较明确的区域定位，抚顺的定位是要发展成为全省先进城市，丹东要成为辽宁沿海地区新的经济增长极，铁岭要成为省内中心城市。本溪、辽阳的定位更多地是从自身发展出发而忽视了区域的角色，本溪的目标是全国百强地级城市，辽阳要发展为特大型城市。除了总的城市定位，这些城市也都结合自身发展情况有自己的经济功能定位。有的城市则仅仅有经济功能定位，如鞍山从资源优势出发，给自己的定位是世界级精特钢和钢铁深加

---

①沈阳市人民政府.沈阳市国民经济和社会发展第十二个五年规划纲要[R].2009.

工基地、世界级菱镁新材料产业基地、亚洲温泉旅游城、东北钢铁物流中心；营口为"中国汽保基地""中国北方乐器之都"。只有盘锦把实现资源型城市转型作为城市的近期定位，也说明盘锦正处于城市转型发展之中，未来的主导产业和主导功能还没有形成。

这些城市功能定位的共同特点是都重视了生态环境对城市发展的重要性，几乎都把建设生态宜居城市作为目标之一。其次，除了个别城市，大多数城市的定位没有把自己当作区域核心城市的次级城市，积极呼应和配合核心城市的发展，从而造成了城市之间的竞争大于合作的现状，这也是为什么辽中南城市群发展较为松散的原因之一。

三、总体分析

从上面的分析可以看出，辽中南城市群内各城市对各自的功能定位基本上是从自身出发的，缺乏从区域视角对城市的准确定位。

1. 两大核心城市不能合理分工

"双核"对于城市群的发展既是一种优势，也是一种劣势。如果城市群的两个核心城市都十分强大，有利于对城市群其他城市进行产业转移和扩散，从而能带动群内更广泛的地区的发展。但这种"双核"格局意味着两个实力相当的城市共享一块经济腹地，必然为了自身在区域内甚至全国范围内的竞争力，对区内资源和国家政策会采取各种途径去争相获取，这样两大核心城市之间就很难形成合理的分工协作关系，从而对城市群的整体发展产生不利影响。目前沈阳和大连之间没有形成合理分工，原因在于：首先，群内两个核心城市沈阳与大连之间处于竞争大于合作的状态。沈阳是辽宁的省会，大连是副省级城市，实力相当，都具有较强的综合功能，拥有共同的经济腹地，必然会产生腹地的交织重叠，竞争不可避免。其次，沈阳和大连目前都处在城市发展的极化效应大于辐射效应的阶段。为提升自身功能，均在努力集聚各种政策和资源，因此存在功能的竞争性大于互补性的问题。最后，两个城市的合作意识不强。在现行的体制机制条件下，大连和沈阳各自都把对方看作自己的竞争对手，使两个城市很难形成合理分工、错位发展的局面。

2. 各个城市产业发展的趋同和功能定位上的相似

定位不准使得核心城市缺乏向周边地区辐射和带动的经济联系，既不利于核心城市有效带动周边地区的发展，也不利于核心城市的传统产业向次级城市疏散。不能形成一个合理的分工职能体系。各个城市都建成了"大而全，小而全"的产业体系，造成资源的极大浪费，专业化城市和综合性城市界限模糊，城市功能定位也多向综合性城市靠拢，这些都不利于城市群整体的协调发展。

第五节　辽中南城市群"双核"空间结构及其功能特征分析

从前面的分析可以看出，不论从城市首位度、城市发展综合指数还是城市外向度、区位熵等的数值来看，沈阳和大连无论在经济总量、人口规模、产业结构还是城市影响力等方面都表现出了突出优势，构成了辽中南城市群的双核。双核城市群在空间结构和功能特征等方面有着自身的特点，也决定了其发展模式的特殊性。

一、双核城市群

由于在实践中双核空间特点的城市群普遍存在，国内外学者对双核结构模式的城市群有很多研究，一般都认为双核城市群是指在一定地域范围内由两个功能较强、有较密切经济联系的中心城市的城市群构成的空间系统。从我国城市群发展的实践看，一般来说，作为双核的两个城市都是区域内的特大城市或超大城市，一个是区域中心城市，集政治、经济、文化中心为一身；另一个城市多为交通便利的港口（沿海、沿江、沿边）城市或陆路交通枢纽城市，是区域的对外交通门户。如我国的北京—天津、杭州—宁波、济南—青岛、成都—重庆等都属于较为典型的双核空间结构城市群。

二、辽中南双核城市群的空间特征

(一) 沈阳和大连城市规模相当,地域相近

一般来说,两个核心城市由于其优良的区位优势,具有较好的聚集和扩散能力,它们的发展远远超过群内其他城市,成为区域内的中心城市。辽中南城市群的首位度为 1.74 (2012 年),沈阳和大连的 GDP 比值 (2013 年) 为 1:1.17,这两个数值说明在辽中南城市群中存在两个人口规模和经济规模都相当的核心城市。沈阳市与大连市之间的直线距离为 356 公里,共同处于辽中南地区,两个城市间有沈大高速、铁路相连,有较强的通达性,形成了共生关系,能够相互影响和相互带动。沈阳作为中心城市,不仅有客观的省会城市的政治、经济基础,而且从地理位置上也基本处于辽宁省的几何中心,在沈阳市的周围,分布有鞍山市、抚顺市、本溪市和辽阳市,而且这些城市距离不远,相距最远的沈阳市至本溪市,也只有 84 公里,最近的是鞍山市到辽阳市,只有 25 公里,交通也十分便利。大连市作为辽宁省城市群的最南端的港口城市,是辽宁省对外开放和全面走向世界的桥头堡。沈阳市作为辽宁省中心城市,经济规模不断扩大,产业发展空间不断拓展,其经济辐射能力大大增强,需要通过港口城市来加强对外联系。港口城市的别称是"门户港城",亦即所在区域对外交往的通道和窗口。沈阳市要打开外部市场并走向世界,大连市成为其重要通道和出海口。也应该看到,作为港口城市的大连,其发展同样依赖于区域中心城市的支撑,大连市的繁荣离不开辽宁省城市群丰富的自然资源和发达的工业。正是有了区域中心城市的产业支撑,拓展了大连市的经济腹地,才为大连市提供了充足的货源,为把大连市建设成为我国北方航运中心奠定了基础。同时,大连市的繁荣,也有利于辽宁省带状城市群的经济发展,两者互为依托、互惠互利。

(二) 沈阳和大连具有共同的经济腹地

作为区域内的核心城市,在城市聚集产业的发展过程中,也会不断地产生

外溢效应，带动周边地区也就是腹地经济的发展，腹地也不断支持和影响核心城市的发展。随着核心城市的不断发展壮大，其影响区域和范围也会随着扩大。两个核心城市同处于一个区域，必然会产生腹地重叠交织。能够全部纳入沈阳市 GDP 和人口辐射范围的城市有铁岭、抚顺、本溪、辽阳、鞍山、营口、盘锦，而阜新和丹东等城市则处在沈阳市辐射的边缘地带，大连市由于其特殊的地理区位，向北能辐射到营口市附近，向东能够辐射至丹东。随着两大核心城市的不断发展，其辐射半径也会逐渐扩大，腹地重叠交织的领域会越来越大。

三、双核城市群的功能特征

（一）两个核心城市具有较强的综合功能

核心城市一般都是规模较大、经济实力较强、城市功能较为完善的城市。核心城市的规模效应会降低经济运行的成本，加速要素由周边地区向核心城市流动，生产功能不断增强。同时，核心城市的基础设施较为完善，交通便捷、繁荣的文化生活环境都使得城市的集聚效应不断增强，从而使城市功能不断扩展。反过来，城市功能的扩展，使核心城市的辐射面和吸引面也不断增强，又进一步强化了核心城市的地位。两个核心城市都是综合功能强大的城市，否则就不能发挥辐射和集聚作用，很难成为区域的中心和枢纽。虽然都是具有综合功能的核心城市，但两者的定位应有所区别，形成功能上的互补，才能产生较强的空间作用，形成合理的发展格局。

（二）两个核心城市之间存在明显的竞合关系

城市具有对外扩张性，城市的发展需要资源和要素的不断积聚。核心城市需要广泛的腹地作为发展的依托，由于双核城市实力相当，地域相近，腹地又交叉重叠，且随着核心城市的发展，交通更加便利，腹地范围必然会越来越大，两者之间在生产要素、产品市场等方面的竞争在所难免。如果两个城市在产业构成和功能定位上趋同，那么两者之间的竞争必然大于合作。在功能上的互补性大于竞争性，那么两个城市之间的合作就大于竞争，更有利于区域的协调发展。因此就要求两个核心城市在选择各自的主导产业上考虑是从区域利益出发还是从本城利益出发，这不仅决定了两核之间的关系状态，也影响着城市群整体的发展。

从上面的分析可以看出，双核结构城市群的发展在很大程度上取决于两个核心城市的发展实力和两者之间的关系，如果能够实现错位发展，在加强合作的基础上竞争，就可以形成发展合力，共同带动区域内其他城市的发展。

本章小结

本章主要从综合发展指数、产业结构和优势产业状况、城市间的交流程度、群内各个城市的自我功能定位及城市群空间结构和功能特征五个角度对辽中南城市群产业发展和城市间功能联系等发展现状进行了较为全面的分析。分析的结果印证了双核特征是辽中南城市群的典型特征，无论从综合发展实力、城市交流强度还是产业结构、功能定位等方面都受到了这一结构的明显影响。

从综合发展实力看，大连和沈阳远远超过其他城市，城市群内城市等级分布不均衡，结构略现头重脚轻，辽中南城市群等级规模结构体系发育还不成熟，核心城市在城市群中还处于集聚作用大于辐射作用的阶段，因此，应该在注重发展经济的同时，通过城市间的合理分工和布局形成更加合理的城镇等级体系。

从产业结构看，辽中南城市群整体的产业结构状态还是明显的工业化中期的二、三、一产业分布特点。各城市的优势产业基本上集中于第二产业，第三产业的整体发展落后。同时，产业结构趋同，造成城市之间的低水平重复建设和资源浪费。

从城市间的交流强度看，由于整体第三产业发展滞后，尤其是核心城市第三产业发展水平不高，许多城市综合服务功能较弱，城市之间的相互作用并不强，要素流动也不均衡，空间联系并不紧密。

从城市功能定位看，城市群内城市定位相似，没有形成合理的分工体系，都基本上追求建立"大而全，小而全"的产业体系。因此，必须对城市群及各组成城市有一个合理定位，根据定位选择合适的重点发展产业，实现错位发展，才能够促进区域协调发展。

从城市群空间结构和功能特征看，辽中南城市群是典型的双核城市群，沈阳和大连作为群内的核心城市具有较强的综合功能，经济腹地相互交织；两个核心城市存在着明显的竞合关系。如果两者能够实现错位发展，在加强合作的基础上竞争，就可以形成发展合力，共同带动区域内其他城市的发展。

第五章 辽中南城市群城市功能定位与产业分工布局构想

城市群的核心是推进区域经济一体化，而区域经济一体化的关键是城市间形成合理的产业分工协作关系。通过上一章的分析，辽中南城市群存在着产业发展趋同尤其是制造业趋同的问题，产业同构现象会引发城市群内部各城市之间的引资大战和无序竞争，还会使得已经存在的产业趋同现象更加恶化，导致重复建设和资源浪费。构建合理的产业分工格局，有利于各城市之间实现"生态平衡"，形成相互依赖、相互支撑的发展格局。本章针对上一章分析出的问题，结合相关理论和国内外城市群的发展经验，提出辽中南城市群的主导产业选择和城市功能定位的构想，这对于整个区域的经济社会发展都具有重大意义。

第一节 国内外城市群产业分工与城市功能定位的经验与启示

一、世界级大城市群城市功能定位和主导产业选择的实践

城市群中不同规模等级的城市根据各自的特色和优势，选择自身的主导产业，参与城市群产业分工，承担不同的功能，能够使城市群获得区域综合功能

和产业协作优势。通过学习世界制造业发达的著名城市群城市产业分工与功能定位，将有助于对辽中南城市群进行合理分工。

（一）北美五大湖城市群

北美五大湖区有丰富的煤、铁等矿产资源以及廉价的水运资源，这样的资源禀赋决定了该区域发展钢铁工业具有较大的优势。因此，该城市群形成了以钢铁加工、机械制造和汽车工业为主的产业结构，美国的"钢铁城"匹兹堡、"汽车城"底特律都集中在这里。由于第二产业在该地区比重的下降，20 世纪中叶以后，曾经繁荣的工业城市开始萧条。五大湖周围的美国城市都面临着产业转型的难题。除了在税收、教育和就业培训方面增加投入外，美国政府还通过经济产业结构调整、制造业内部结构调整、开拓新的出口市场和鼓励创新等多种途径，促进五大湖地区经济转型，提升竞争力。近年来，该城市群的服务业所占比重迅速扩大，金融、通信、旅游、医疗等服务业快速发展起来，实现了经济的转型。如表 5-1 所示。

表 5-1　　　　　　　　北美五大湖区城市群功能定位及产业分工

城市	城市功能定位	主导产业
芝加哥	美国主要的金融、文化、制造业中心	钢铁加工、金融服务业、运输业、机械制造
底特律	美国重工业制造中心、世界传统汽车中心、音乐之都	汽车工业、机械制造
克利夫兰	重要湖港、工商业城市	钢铁工业、机械制造、冶金
匹兹堡	美国钢铁工业中心	钢铁制造业、计算机技术、机器人制造
多伦多	加拿大工业和商业中心、港口城市	汽车工业、电子信息、金融业、旅游业
蒙特利尔	加拿大金融、商业、工业中心	服装业、制烟业、文化艺术产业

资料来源：根据各城市的介绍资料整理。

北美五大湖城市群产业分工与城市定位有以下特点。一是该城市群的产业以传统的制造业为主导。二是区域合作性强。该城市群的主导产业单一，专业化程度很高，城市经济协作十分紧密。三是以先进制造业与高科技产业为发展方向。随着传统制造业的衰落，该地区以先进制造业和服务业为发展方向，实现了转型升级。四是航运业优势地位突出。该地区不仅制造业发达，而且有发达的铁路交通体系，还地处五大湖和密西西比河流域，区位优势明显，因此，群内的主要城市都成为了区域经济发展的重要节点。

（二）英国以伦敦为核心的城市群

该城市群是产业革命后英国主要的生产基地。伦敦是英国的首都，是四大世界级城市之一。金融业是伦敦最重要的支柱产业。伦敦是世界金融中心，还是许多国际组织总部所在地，是世界政治中心。同时伦敦还是国际著名港口和航运市场，是国际航运中心。曼彻斯特位于英格兰西北部，是世界工业的故乡，纺织工业一度发达。第二次世界大战后，曼彻斯特一直在致力于从工业型经济向服务型经济转型，使该地区逐渐发展成为英国西北部商务、金融、保险和运输的中心。伯明翰和谢菲尔德是传统的制造业城市。如表 5-2 所示。

在城市群的发展过程中，英国于 1964 年创建了"大伦敦议会"，专门负责大伦敦城市群的管理与发展问题。20 世纪 90 年代以来，大伦敦地区先后引入了战略规划指引，以维持整个城市群战略规划的一直和协调。

表 5-2　　　　英国以伦敦为核心的城市群功能定位及主导产业

城市	城市功能定位	主导产业
伦敦	全球金融中心、国际航运中心以及世界政治、经济、文化、艺术和娱乐中心	金融服务业、旅游业、航运服务业
曼彻斯特	英国工业中心、文化中心、商业中心以及区域金融中心	电子、化工、印刷、金融业
伯明翰	英国制造业中心	金属加工、汽车工业、珠宝业
谢菲尔德	重要工业城市、钢铁制造中心	钢铁制造业、体育产业
利物浦	港口贸易城市、旅游城市	制造业、体育产业

资料来源：根据各城市的介绍资料整理。

（三）日本太平洋沿岸城市群

日本国土面积狭小，人口密度高，各城市的区域集中布局拆分功能是经济社会发展的内在要求。日本太平洋沿岸城市群是日本人口产业最密集的地带，占国土三分之一的区域集聚了三分之二的人口和经济总量。以东京为中心的首都城市圈，具备了政治、经济、文化、信息等综合功能，是全国的大市场和重要的综合性大工业带，也是全国乃至世界的金融中心以及国际航运中心、商贸中心和消费中心，并集聚了众多跨国公司的总部。以大阪、神户、京都为中心的京阪神都市圈，形成了以消费品生产为中心的大工业带。以名古屋为中心的东京城市圈，以生产纤维、陶瓷等传统工业为主，逐渐发展成为日本最大的重化工业区。各城市之间形成了一种产业分工关系，如东京的出版印刷业、名古屋的汽车业、大阪的石油化工业等，避免了产业结构的趋同化，有利于资源在更大的区域内实现整合，实现了规模效益、集聚效应和乘数效应，产生了区域发展的综合经济效益。如表 5-3 所示。

表 5-3　　　　　日本太平洋沿岸城市群功能定位及主导产业

主要城市		城市功能定位	主导产业
东京—横滨都市圈	东京	日本政治、经济、文化中心，世界经济中心，全球金融中心，国际物流中心	信息与软件业、金融业、出版印刷业、运输业
	横滨	日本最大的贸易港、工业城市	重化工业、精密制造
	川崎	重工业城市	钢铁、石油化工、造船
京阪神都市圈	大阪	日本的经济、贸易、文化中心，港口城市	家电制造、石油化工、钢铁
	神户	国际贸易港口城市	钢铁、造船、石油化工
	京都	文化古都	传统陶瓷、纺织业
名古屋都市圈	名古屋	工业中心、港口城市	汽车制造、电子信息、纺织业
	濑户	陶瓷城	陶瓷制造
	四日	工业城市	石油化工

资料来源：根据各城市的介绍资料整理。

为了促进城市群的合理分工布局，早在 1940 年，日本政府就制定了国土开发纲要，并于 1950 年制定了《国土综合开发法》，1962—1998 年，又先后五次制订国土综合开发计划，从而促进了日本城市群的产业空间布局的优化。

二、国内城市群城市功能定位和主导产业选择的实践

（一）长江三角洲城市群

长三角城市群人口和生产要素密集，工业基础雄厚，有比较完善的交通和基础设施网络。目前已形成了以上海为中心的城市圈层结构，网络状城镇体系初步形成。长三角城市群作为我国最大的城市群正向世界级城市群迈进。长江三角洲城市群的一个重要优势就是区内以上海为核心，跨越江苏、浙江两省的各具特色的次中心城市为节点的产业分工正在形成。上海以国际金融中心、航运航空中心等为目标，杭州、南京等城市都能主动接受上海的辐射，以协同核心城市并结合自身优势发展主导产业，初步形成了错位发展的格局。随着分工的进一步深化，长三角城市群中"总部-加工基地"功能分工在中心城市上海和江浙腹地之间已逐步形成。如表 5-4 所示。

表 5-4　　长江三角洲城市群主要城市的功能定位和主导产业

城市	城市功能定位	主导产业
上海	国际经济金融中心、国际航运航空中心、文化创意之都、生态智慧之城	金融、贸易、航运、信息服务业
杭州	国际休闲旅游城市、区域性金融中心、长三角区域南翼的核心城市	生产性服务业、文化创意产业
南京	历史文化名城、沿江港口城市，长三角区域北翼核心城市，长三角城市群辐射带动中西部的门户城市	先进制造业、石化产业、科教创意服务业
苏州	国际文化旅游城市，创新型城市，长三角区域北翼经济中心	纺织、机械工业、化学工业、高科技产业
宁波	国际性港口城市，长三角区域南翼经济中心	能源物流、临港工业
合肥	中部地区的特大城市，长三角向中部地区辐射传递的门户城市	家电产业、汽车及零部件制造、装备制造业

资料来源：根据《长江三角洲地区区域规划（2010—2015）》以及各城市的"十二五"规划的相关文件整理而得。

长三角城市群由于在行政区划上分别隶属于两省一市，牵涉的城市也较多，为了城市群协调发展，形成良好的分工协作体系，国家有关部门于 2003 年以来出台了《长三角现代化公路水路交通规划纲要》《长三角都市圈区域规划》来确定各城市的功能定位及其主导产业发展方向。

(二) 珠江三角洲城市群

珠江三角洲城市群是我国市场化程度最高、制造业比较发达的地区，是我国经济外向度最高的地区，城市化水平高，基础设施比较完善。珠三角城市群的特点之一是不跨省的具有双核心的城市群。核心城市之一的广州是广东省的省会，定位为国家中心城市、综合性门户城市；城市群的另一核心城市深圳，定位为全国经济中心城市。可以看出，一个是综合性中心城市，发挥多方面的核心作用；另一个作为经济中心，重点发挥经济方面的带动和辐射作用。其他城市围绕二大核心城市，立足于自身发展状况都有自己明确的定位；珠海作为珠江口西岸的核心城市，发挥着整个城市群的次中心城市的职能；佛山、江门、惠州、中山、东莞、肇庆等城市都定位为城市群的区域中心城市，根据自己的优势选择适合的主导产业。见表 5-5。

表 5-5　　　珠江三角洲城市群主要城市的功能定位和主导产业

城市	城市功能定位	主导产业
广州	国家中心城市、综合性门户城市、区域文化教育中心、国际大都市	汽车、机械、电子信息、石油化工、现代服务业
深圳	全国经济中心城市、国家创新型城市、国际化城市	金融业、先进制造业、高技术产业
珠海	珠三角副中心城市	家电电气、石油化工、电力能源、生物医药、电子信息、精密机械
佛山	珠江口西岸地区中心城市、岭南文化名城	家用电器制造业、建筑陶瓷制造业
江门	珠江口西岸地区中心城市	纺织化纤、摩托车零部件制造
惠州	珠江口东岸地区中心城市	临港基础产业、石化产业

续表 5-5

城市	城市功能定位	主导产业
东莞	珠江口东岸地区中心城市	电子信息零部件制造业、电脑资讯产业
中山	珠江口西岸地区中心城市	服装、家具、灯饰、电子信息
肇庆	珠江口西岸地区中心城市、珠三角连接大西南的枢纽门户城市	金属加工、电子信息、汽车零配件、食品饮料、生物制药

资料来源：根据《珠江三角洲地区改革发展规划纲要（2008—2020）》以及各城市的"十二五"规划的相关文件整理而得。

随着珠三角地区经济的快速增长与城市化进程的加速，城市与城市之间的矛盾日益加剧。广东省建委于1995年组织编制了《珠江三角洲经济区城市群规划——协调与可持续发展（1995—2010）》，2003年再次组织编制了《珠江三角洲城镇群协调发展规划（2004—2020）》，这些规划将珠江三角洲经济区作为一个地域整体，对各项要素的布局进行了整合与协调，在一定程度上优化了区域空间结构，促进了城市间的产业分工。

三、经验与启示

（一）产业分工不断演化是城市群发展的内在动力

城市群地域结构的演化具有普遍的规律性。工业化是所有城市群兴起和不断发展的基础和先导。生产要素快速地向城市集中发生在工业革命以后，现代工业的发展要求生产要素相对集中，这样能产生规模效益和集聚经济。随着工业化的推进，城市逐渐连成片，形成城市群。世界级的大城市群都是随着工业化进程的推进而逐渐形成的。这些城市群又随着经济科技的发展、产业的升级，不断产生新的主导产业和功能。近年来，区域产业分工由产业间分工、产品间分工向产品内分工发展，也就是产品价值链的分工。分工深化的趋势使得城市群产业分工有了新的特点，不仅可以根据产业间分工、产业间不同产品的分工而且可以按产品价值链分工形成错位发展的格局。而且随着产业分工的不断演变，必将带动城市群空间结构不断变化和趋向合理，最终促成整个区域经济社会结构的优化。

（二）重视发挥核心城市的辐射带动作用

核心城市是否强大，能否发挥好对群内其他地区的辐射带动作用，直接影响着整个城市群的发展。因此，许多城市群都非常重视培育和壮大核心城市，围绕核心城市进行产业承接和产业配合。如日本在第二次世界大战后把首都东京打造成了具有五大功能的综合型城市：一是全国的管理和金融中心，二是全国最大的工业中心，三是全国最大的商业中心，四是全国最大的政治、文化中心，五是全国最大的交通中心。围绕这些定位不断发展，使得东京不仅成为日本太平洋沿岸城市群的核心，是日本经济的极为重要的增长极，也发展成为世界级城市，对世界经济也产生着重大影响。我国长三角城市群中对上海的发展也极为重视，力争把上海培育成国际经济金融中心、国际航运航空中心，通过上海的带动和辐射使长江三角洲城市群成为具有国际影响力的世界级城市群。

（三）注重城市间的错位发展

区域之间的协调发展是分工不断深化的过程。近年来，区域产业分工由产业间分工、产品间分工向产品内分工发展，也就是产品价值链的分工。城市之间的错位发展既包括产业间、产品间的错位，也包括产品价值链不同环节的错位。在美国东北大西洋沿岸城市群中，中心城市一度是波士顿，但随着技术的进步，经济社会的发展，纽约崛起成为中心城市，波士顿退而成为次级城市，但波士顿注重与纽约在现代服务业方面的错位发展，形成了自己的特色而没有沦为纽约的制造业基地。我国长三角已初步形成了核心城市与周边城市错位发展的格局，比如围绕 IT 产业，已形成了一条清晰的产业链条："上海进行芯片设计、生产、封装、测试产业链，苏锡常地区发展成为 IT 产品的生产制造基地，其中苏州已形成了笔记本电脑、显示屏产业链，无锡则偏重于通信和 PC 相关零部件的生产，宁波则以手机为首，建立了手机生产基地。"[1] 各城市要依据其在城市群中的地位以及自身的基础和特色来确定重点发展产业和在产业

---

①裴瑱.中心城市与周边城市的分工与产业整合[D].上海:复旦大学,2004.

链中的位置。对于中心城市，在集聚资源的同时，重要的是提升增强辐射和带动能力，这就要求中心城市成为城市群产业空间的龙头；对于次中心城市，要主动承接核心城市转移出的产业，与中心城市实现产业互补；其他城市之间要根据自身优势，形成产品差异化的发展格局；中小城市应当承担连接大城市与广大农村的节点，主要发展初级加工业。总之，不同规模等级的城市通过承担不同的职能使整个城市群形成要素互补、产业配套、合理分工的产业发展格局。

（四）注重发挥政府的协调作用

国外城市群基本都是跨地区的甚至是跨国家的，因此必然面临城市群的协调和规划管理的问题。从世界级大城市群的发展经验看，它们都建立了统一的城市群协调机构，如纽约大都市区政府、东京都市圈政府、巴黎大区政府等。通过统一协调的机构进行城市群的交通、水资源、环境治理等方面的规划，减少内部竞争和冲突，实现城市群的协调发展。日本城市群的发展呈现出很明显的政府计划特征。经过多年的发展，目前，大东京都市圈的中心城市——东京——为整个城市群的中枢管理城，它的主要功能是对整个城市群的政治、经济活动实行集中、统一的组织管理，其他城市的活动是在中心城市的统一规划下展开的，这些不同类型的城市在一定程度上减轻了工业过度集中带来的住房紧张、环境污染和交通拥挤等问题。我国跨省的长江三角洲城市群和省内的珠江三角洲城市群为了协调区域发展，都相继建立了政府间的协调机制，成立了协调机构，为了防止内部无序发展、产业趋同等问题，还先后制定了城市群的中长期发展规划。

（五）城市群协调发展必须走法制化的道路

城市群的发展必须有相应的法律作为保障。东京都市圈为保证各个城市之间密切沟通合作，特别是周围城市主动配合中心城市——东京，实现整个大都市地区的区域功能分工和产业分工，进行一体化协调，在国家或者中央政府层面上，有对于大东京地区规划和建设发展的法律法规，因而具有强有力的法律支持和保证，依法有序地共同建设和管理大都市地区。此外，美国的城市政府协会及城市政府协议的协调模式、英国的大伦敦行政机构协调模式等，都有法律保障，有的是直接依靠专项的法律，有的则是以普通的法律为基础，至于最后签署的共识和协议则都具有法律效力，从而使区域及其城市群之间的社会经济协调机制既能够得到法律的支撑和保障，又能够依托行政力量，具有明确的社会地位和长久的效力，所以就避免了由于多方行政法人组成的区域及城市群协调机制而造成的行政短期性和某些人为性因素。因此，对于辽中南城市群的建设来说，应该建设相应的法律法规，使城市群协调的方式方法中有法律法规的途径，从而具有法律保障。

第二节　构建合理的辽中南城市群城市职能和产业分工体系

城市发展目标相似，产业发展趋同尤其是制造业的趋同，是我国城市群普遍面临的问题，辽中南城市群也不例外。产业同构现象会引发城市群内部各城市之间的引资大战和无序竞争，还会使得已经存在的产业趋同现象更加恶化，导致重复建设和资源浪费。通过构建合理的产业分工格局，有利于辽中南城市群各城市之间实现"生态平衡"，形成相互依赖、相互支撑的发展格局。

一、辽中南城市群的总体定位

从前面几章的分析可以看出，辽中南城市群的发展水平与国内三大城市群相比，无论从经济总量、产业结构的层次上，还是市场化程度、服务管理水平上都有明显差距。与国内其他处于发展阶段的城市群相比，辽中南城市群优势也不明显，尤其是山东半岛等城市群发展势头强劲，对辽中南城市群的未来发展必将产生重要影响。对辽中南地区来说，当前最重要的任务就是抓住东北振兴的新机遇，加快实现人才、技术等生产要素市场的一体化，促进要素资源在区域内自由流动，通过深化和优化区域内部产业分工与合作，提高资源利用效率，形成辽中南区域间产业链，进而形成具有竞争优势的产业集聚区，并通过各级城市的集聚和扩散效应的发挥，促进辽中南地区内部经济一体化发展。

辽中南城市群总体目标定位：世界先进制造业基地，东北亚国际航运、金融、贸易、物流中心，环渤海经济区的重要组成部分。

世界先进制造业基地：辽宁具有发展装备制造业的资源、科技、人才优势以及良好的产业基础。通过信息化带动工业化，加快自主创新，建立与完善以企业自主创新为主体的技术创新体系，加快传统工业的改造，实现产业全面转型升级，努力成为具有世界领先水平的现代装备制造业产业基地。

东北亚国际航运、金融、贸易、物流中心：发挥港口优势，整合港口资源，实现港口之间的协调发展。把大连打造成为东北亚的枢纽港，依靠港口发展现代服务业，带动腹地经济发展。发挥东北亚出海口的作用，使辽中南地区成为东北亚的商贸物流中心。

环渤海经济区的重要组成部分：辽中南城市群中很多城市都是环渤海经济区的重要节点城市。从产业价值链条上找准辽中南与京津冀及环渤海地区合作的切入点，发挥好辽中南各城市与京津冀在区位、技术、资金、产业、市场体制等方面的互补优势，实现区域功能互补、产业合理分工。重点在软件信息、教育医疗、科技研发、文化创意等领域进行合作，实现共赢发展。

二、辽中南城市群各城市的功能定位及主导产业的选择

从国内外城市群的发展经验看，要使城市群具有区域综合功能和产业协作优势，就需要各城市根据自身的基础和特色，承担不同的职能分工。要重视培育核心城市，发挥其带动辐射作用；次级城市要注重与核心城市进行错位发展，围绕核心城市进行产业承接和产业配合。这种错位发展可以通过三种方式实现：一是城市间可以根据比较优势选择不同的产业部门实现分工，实现产业错位发展；二是城市之间可以就同一产业的不同产品进行分工，实现产品错位发展；三是城市之间可以按照产品价值链的不同环节进行分工，核心城市进行产品研究开发和设计制造，其他城市有的承担产品生产和营销服务等，实现职能错位发展。

（一）核心城市的功能定位及主导产业的选择

核心城市是否强大，能否发挥好对群内其他地区的辐射带动作用，直接影响着整个城市群的发展。因此，许多城市群都非常重视培育和壮大核心城市。沈阳和大连是辽中南城市群两大核心城市。两大核心城市的定位首先要考虑城市区位条件、自然禀赋等因素，其次要考虑现有的产业基础，再次要从区域的视角和未来的发展来确定。

1. 沈阳发展的总体定位：东北地区中心城市

具体体现：世界先进装备制造业基地、东北地区商贸物流和金融中心、区域战略性新兴产业中心、区域性科教文服务中心。

世界先进装备制造业基地：顺应国际产业发展新趋势，以创新为引擎，推动装备制造等传统优势产业转型升级。沈阳的装备制造、石化、煤炭、冶金等产业在全国占有非常重要的地位。沈阳应发挥现有产业优势，加快推进新型工业化和信息化，提高产业创新能力，在关键技术领域实现突破和创新。通过积极参与"一带一路"倡议，培育具有国际竞争力的装备制造企业，为成为世界先进装备制造业基地奠定基础。通过优化产业空间布局，加快装备制造业向沈西工业走廊集聚，同时推动配套加工业向周边城市梯度转移，形成先进装备制造业产业集群。

东北地区商贸物流和金融中心：沈阳的金融服务能力、商贸服务能力和都市消费水平都居于东北地区前列。沈阳要不断优化和提升中心城市的整体服务功能，鼓励大型商业服务企业跨区域发展，推进服务业转型升级。积极推进"辽满欧""辽蒙欧""辽新欧"等物流通道建设，加快建设一批综合性和专业化物流园区。培育一批具有国际竞争力的大型综合物流企业集团和物流服务品牌。发挥沈阳区域性金融资源聚集优势，吸引国际金融结构设立分支机构，建设金融产品研发和推广中心，增强金融辐射与服务能力，带动城市群其他城市服务业的发展。

区域战略性新兴产业中心：着眼于全球新一轮的技术创新和产业革命，优化配置科技资源，共享创新要素，发挥原有产业优势，抢先布局未来产业，发挥高新区、科技园、产业基地的集聚效应，重点培育壮大集成电路、生物医药、新材料、通用航空、节能环保等战略性新兴产业，努力使这些产业的技术达到国际先进水平、部分优势技术领域进入国际前沿。

区域性科教文服务中心：发挥沈阳科技教育资源丰富的优势，大力发展科学、教育、文化事业和文化产业，广泛吸引社会资本参与公共文化设施建设。实施公共文化重大工程，完善沈阳作为区域性科教、文化中心的服务功能。

2. 大连发展的总体定位：区域经济中心、国际性港口城市

具体体现：全国装备制造业中心、东北亚国际航运物流中心、区域性金融中心、东北亚国际贸易中心、旅游休闲度假中心。

全国装备制造业中心：以信息化和工业化深度融合为主线，以智能制造为主攻方向，发挥"互联网+"对产业转型升级的推动作用，实施一批重点工程，推动装备制造业向智能化、绿色化、服务化和品牌化方向发展，打造装备制造业竞争新优势，成为全国装备制造业中心。依托旅顺轨道交通产业园区等重点园区，加快高速重载、节能环保等多种类型机车的研发制造，加大现代轨道交通装备核心系统和部件的研制开发，完善产业链条，建成国际一流的轨道交通研发制造基地。依托长兴岛、旅顺等造船基地，加快推动船舶制造和海洋工程的结构调整和企业重组，提高船舶产业竞争力。充分发挥中高端数控机床、柔性制造系统、自动化成套装备及关键功能部件等方面的优势，加快高档数控机床关键产品及核心部件产业化，建成国内重要的数控机床研发及生产基地。

东北亚国际航运物流中心：加快推进建设具有国际竞争力的航运发展制度和运作模式。积极发展国际航运业务，提升航运企业服务能级。着力培育发展航运服务业，重点发展航运金融、国际船舶运输、国际船舶管理、国际航运经纪等航运服务业。积极吸引国际航运功能性机构和高端要素集聚，支持国际船级社、船东协会在大连开展业务。加快发展大连航运运价指数衍生品交易业务，提升大连航运交易市场航运指数影响力，做大航运品牌。大力推进海空两港建设，完善集疏运体系。打造"一带一路"的国际航运枢纽。加快构建国际物流网络体系，打造"一带一路"倡议的重要物流枢纽。积极推进"辽海欧""辽满欧""辽蒙欧""辽新欧"等物流通道建设，实现海运、空运和陆路运输体系的无缝对接，探索建立多式联运运营组织一体化解决方案，推进"一单制"的全程无缝运输服务，打造东北亚多式联运中心。

区域性金融中心：以深化金融改革和金普新区建设为契机，加快推进金融

机制创新。在推进利率市场化、人民币资本项目可兑换、人民币跨境使用、离岸金融业务等方面加快步伐，建立与自由贸易园区相适应的外汇管理机制，主动对接"一带一路"倡议，提升金融双向开放水平。加快构建现代金融服务体系，支持地方金融法人机构发展。支持大连港集团打造航运物流金融板块，推动发展金融控股集团。大力引进各类金融机构，争取设立民营银行、股份制银行、财产保险、金融租赁、资产管理、消费金融公司等新型机构。加大金融市场发展力度，推进大连商品交易所加快国际化步伐，推进股权交易、金融资产交易等权益类交易市场稳健发展。支持保险业创新发展，提升保险中心城市地位。

东北亚国际贸易中心：推进东北亚国际贸易中心建设，为东北亚国际航运中心、国际物流中心和区域性金融中心建设提供支撑。积极推进市场开放与贸易便利化程度，建立促进资金流、商品流、信息、技术、人才等要素顺畅流动的机制。构建货物贸易市场体系，建设一批国际大宗商品交易平台、跨境采购电子商务平台。构建服务贸易和技术贸易市场体系，引进和培育具有较大区域影响力的经贸活动专业性品牌展会，着力培育发展服务贸易和技术贸易。加快吸引国内外大型企业、跨国公司在大连设立研发中心、运营中心、结算中心等功能性总部。积极打造国际一流水平商贸环境，努力建设大宗商品交易和定价中心、国际采购交易中心、国际性贸易营运中心、国际化消费中心。

旅游休闲度假中心：依托东北地区旅游大市场，深度开发海岛旅游、温泉旅游、乡村旅游、沟域旅游和海岸旅游等中高端旅游产品，提升旅游服务品质。促进旅游业与观光购物、文化休闲、度假体验等功能融合，延长旅游产业链条。引进大型旅游企业，培育大连旅游企业集团，强化行业联盟，增强旅游承接和分拨功能，拓展入境游市场，建成东北亚著名滨海休闲度假旅游目的地和中国北方旅游度假中心。

（二）其他城市的功能定位及主导产业的选择

城市群内各个城市之间进行差异化定位，实现错位发展，既是区域一体化发展的基础，也是区域协调发展的现实要求。首先，要积极配合核心城市，在巩固、提高现有产业配套协作的基础上，拓展新的配套协作领域。随着分工的深化，工业结构相似的城市之间更应该与中心城市形成产品价值链上的分工。

比如在辽中南城市群内造船业已经是产能过剩行业，要提高竞争力，就必须合力分工，形成发展合力，而不是各自为政、互相竞争。应当以大连为研发和制造中心，在营口、盘锦、葫芦岛等地建立船舶修造基地和船舶配套产业基地，形成整个船舶修造业的发展优势。其次，要主动接受核心城市的辐射和带动，发挥工业基础好的优势，积极为核心城市支柱产业进行配套，同时主动承接核心城市转移出的产业，成为核心城市支柱产业的配套基地、扩散产业的协作基地以及高技术产业的中试、加工基地。

营口、鞍山是辽中南城市群的次中心城市。鞍山是沈阳和大连之间的大城市，产业基础好，其特色是钢铁制造和加工。鞍山作为一个工业体系较为完善的城市，尤其是钢铁等产业能够带动周边的本溪、辽阳、抚顺和丹东形成上下游产业联系，随着它自身的发展也会不断增强城市的集聚力和辐射力，形成更多的"极化点"带动周边地区的发展。营口作为港口城市，要发挥港口运输业的特色，促进腹地经济的发展。营口和鞍山的菱镁矿储量在全国居第一、第二位，两地如能合理引导，整合资源，分工协作，就能够围绕镁质材料加工形成具有全国优势的产业集群，带动周边地区的共同发展。

抚顺、本溪、铁岭、辽阳作为辽宁中部工业城市，与核心城市沈阳有较好的产业配套性和集聚发展的空间。由于都是资源丰富地区，都是工业城市，必然存在一定的产业重叠，但是如果能够细化分工，那么能够实现产品差异化发展，也能实现错位发展。目前，各城市主导产业的优势还是比较清晰的。抚顺的支柱产业是石油化工和精细化工产业、能源装备制造业，本溪则是黑色金属矿采选、冶炼和压延加工，辽阳是芳烃和工业铝材等。

丹东和盘锦是辽中南沿海地区的中心城市，与核心城市大连一起形成了船舶、石化、海洋渔业等沿海特色的产业。目前各个城市的港口已有了明确的定位，基本实现了错位发展。虽然这些城市之间具有良好的合作基础，但由于都是沿海城市，又不可避免地相互竞争。必须发挥各自优势，在分工合作的基础上实现良性竞争。如：大连的优势在服务业发展水平相对较高，潜力较大，在装备制造业和石化产业方面具有优势；丹东的传统优势产业是仪器仪表制造；盘锦是化工产业和旅游产业较为突出。

近年来，辽中南经济发展出现速度减缓的现象，人口自然增长率在很多城市也开始下降，长期积累的各种矛盾开始显现。这其中，产业结构转型升级缓慢、发展方式仍然依赖投资驱动、创新对经济发展的贡献较小、城市功能不能有效提升是主要原因。因此，辽中南城市群要成为环渤海地区的重要城市群，在东北亚乃至亚太地区的国际分工协作中占一席之地，就必须强化区域联合，提升沈阳、大连作为辽中南地区核心城市的综合服务功能、辐射功能和城市竞争力，同时从多方面全面推进区域产业分工深化和优化，促进区域分工合理的空间结构形成（见表5-6）。

表5-6　　　　辽中南各城市功能定位和重点发展产业的选择

城市	城市性质与功能	重点发展的产业
沈阳	东北地区中心城市。 世界先进装备制造业基地、区域战略性新兴产业中心、东北地区商贸物流和金融中心、区域性科教文服务中心	先进装备制造、汽车、新材料、生物制药、商贸物流业、金融、科教服务业
大连	区域经济中心、国际性港口城市。 全国装备制造业中心、东北亚国际航运物流中心、区域性金融中心、东北亚国际贸易中心、旅游休闲度假中心	装备制造、石化、造船、软件与服务外包、航运物流、金融业
鞍山	辽中南城市群次中心城市。 全国重要的精品钢材基地，全国大型冶金成套设备研发、制造、加工基地，辽中南商贸物流中心	钢铁制造业、冶金、商贸物流业
抚顺	区域中心城市。 全国新材料产业基地、新型石化工业基地	石化产品深加工、精细化工、新材料产业
本溪	区域中心城市。 全国精品钢材生产基地、辽宁生物医药产业基地	冶金、生物医药、钢铁深加工、旅游产业
辽阳	区域中心城市。 全国重要的芳烃及化纤原料基地	化工化纤塑料业、钢铁和有色金属加工业、装备制造配套产业
铁岭	辽宁北部中心城市。 辽中南向东北辐射的节点城市	农副产品深加工业、装备制造、新型建材、物流业
营口	辽中南城市群次中心城市。全国重要的现代化港口城市	石化精深加工、船舶制造、精品钢材产业、镁质材料加工、航运物流业
丹东	辽宁沿海地区的中心城市。东北重要的港口城市	电子信息、农产品加工、仪器仪表、纺织服装业
盘锦	辽宁沿海地区的中心城市。辽中南向辽西北辐射的节点城市	海洋工程装备、石油化工、临港物流业、农产品加工

此外，根据国内外成熟城市群的发展经验，区域内城市间形成合理的分工体系，实现错位发展，离不开政府的协调作用的发挥，需要制定统一的发展规划，从区域视角对城市群及群内各城市的发展方向和产业选择予以指导。在落实规划的过程中必然会出现各种矛盾和问题，需要政府建立协调机制予以磋商和解决。

本章小结

通过国内外城市群城市功能定位和主导产业选择的实践来看，城市群要协调发展，离不开城市间的错位发展，离不开核心城市的集聚和辐射作用的发挥，也需要政府之间的合作。在此基础上，对辽中南城市群城市的功能定位和重点产业的选择进行了构建。首先要实现核心城市之间的合理定位，把沈阳定位为东北地区的中心城市，把大连定位为区域经济中心和国际港口城市；在发挥各自优势的基础上实现错位发展。其次是实现核心城市与其他城市之间的错位发展，主动承接和积极接受辐射，实现其他城市与核心城市配套发展。通过各城市主导产业的选择，力图形成合理的分工格局，既有利于城市群整体竞争力的提升，又能够使每个城市在发挥优势的基础上不断提升城市的发展水平，从区域发展中获益。

第六章　辽中南城市群功能优化的 空间发展模式选择

从经济社会发展上说,城市群内部各个城市之间能够建立有效的协调机制,在充分发挥各城市优势的基础上形成合理的分工协作体系,有利于实现区域经济社会发展的一体化。从空间上说,城市群空间结构是城市间功能相互作用的载体。通过以一个或两个中心城市为核心,把不同等级、不同规模、不同作用的城市组织起来,使之合理布局,相互联系,形成网络状发展格局的空间组织形态,有利于城市群整体功能的优化。从第三章、第四章的分析看,辽中南城市群存在着城市等级规模不协调、空间布局不合理等问题,本章在借鉴国内外城市群空间发展的实际经验基础上,构建辽中南城市群的空间发展模式,从而形成较为完善的城镇网络体系,促进城市群的协调发展。

第一节　国内外城市群发展模式的实践

不同城市群存在明显的差异,所以绝不能照搬成熟城市群的发展思路,但可以吸收成功的区域发展模式的经验,在透彻分析区域发展的实际情况的基础上,形成符合现实要求和发展趋势的自身合理思路与措施。目前世界经济实力最强的地区都出现了由一批具有竞争力的城市连绵而成的城市群,对它们进行分析有利于给辽中南城市群的发展提供借鉴。

一、世界级城市群的发展模式

目前国际公认的具有世界级竞争力的城市群主要分布在北美、欧洲和日本，这些城市群的发展模式主要有两类：

（一）核心城市带动模式

这种模式的特点是城市群内有一个超级城市，这个城市具有极强的辐射力和聚集力，能够带动城市群整体经济快速发展。美国东北部大西洋沿岸城市群、英国以伦敦为核心的城市群以及日本太平洋沿岸城市群都属于这类城市群。但从具体的发展模式上看又有所不同，美国东北部大西洋沿岸城市群和英国伦敦城市群属于"点—轴"发展模式，日本太平洋沿岸城市群属于"点—轴—带"发展模式。

美国东北部大西洋沿岸城市群位于波士顿与华盛顿之间沿着大西洋海岸的东北地区，从缅因州南部绵延到弗吉尼亚州北部，东临大西洋，西至阿巴拉契亚山脉。以波士顿—纽约—费城—巴尔的摩—华盛顿为主轴线，包括以纽约为核心的 5 个大都市和周围 40 多个小城市。虽然城市群仅占美国国土面积的 2%，但却是美国人口密度最高、经济产出最大的地区。2010 年美国大西洋沿岸城市群人口约为 5233.2 万，占美国总人口的 17%；生产总值为 2.92 万亿美元，占美国 GDP 的 20%。

以伦敦为核心的城市群是英国主要的生产基地和经济核心区。总面积为4.5 万平方公里，人口约 3650 万，是城市发展最早、人口密度最大的世界级城市群。它以伦敦为核心城市，沿伦敦—利物浦发展轴向外扩散，包括大伦敦地区、伯明翰、谢菲尔德、利物浦等大城市和众多的小城镇。

作为亚洲发展程度最高的城市群，日本太平洋沿岸城市群由东京—横滨都市圈、京阪神都市圈、名古屋都市圈组成。核心城市东京是世界金融中心，日本的政治中心、经济中心、文化中心。日本太平洋沿岸城市群人口密度大，产业集聚程度高。该城市群的人口占全国总人口的 63.3%，工业产值、工业就业人口分别占日本全国的 75% 和 67%。

（二）多中心共同发展模式

这种发展模式的特点是城市群内存在多个中心城市，这些城市在功能上各有所长、相互依存，共同带动区域经济发展。比较典型的是具有"双核"特征的北美五大湖城市群和比较松散的以"多核"为特征的欧洲西北部城市群。

北美五大湖城市群跨越美国和加拿大，分布于五大湖沿岸，由众多大城市组成，包括美国的芝加哥、底特律、克利夫兰、匹兹堡以及加拿大的多伦多和蒙特利尔。该城市群是以芝加哥、多伦多为核心城市的多个中心城市共同发展的城市群，是两国工业化程度最高、城市化水平最高的地区。群内共有大小城市 35 个，但没有一个处于绝对优势地位的城市，这些城市在产业功能上各有所长，相聚依存，共同推动了整体的协调发展。

欧洲西北部城市群是一个相对较为松散的多核心城市群，主要由德国、法国、荷兰、比利时 4 个国家的部分地区组成。由于这几个国家地理位置较近，经济发展水平接近，文化相似，且实现了生产要素的自由流动，因此是世界上唯一的由多国城市组成的城市群。该城市群又可以分为以巴黎为核心，包括鲁昂、勒阿弗尔等城市在内的大巴黎地区带状城市群；包括波恩、科隆、杜塞尔多夫、埃森等城市，以工矿业发展形成的莱茵—鲁尔城市群；包括阿姆斯特丹、鹿特丹、海牙、安特卫普和布鲁塞尔等城市的荷兰—比利时城市群。但这些城市群中的每个城市都有各自的产业分工，如莱茵—鲁尔城市群中，波恩是政治、文化中心，埃森是机械、煤化工业中心，科隆是全国的交通枢纽和商业中心，杜塞尔多夫是金融中心。这种分工明确、错位发展的格局是整个城市群协调发展的保证。

二、国内城市群发展模式的实践

（一）长江三角洲城市群的"单极圈层扇面"发展模式

"单极"是指上海作为长江三角洲的核心城市，虽偏居一隅，但凭借其优越的区位优势不断地吸引产业向其聚集，也不断地产生外溢效应，辐射和带动周边城市的发展，成为了长三角的"发展极"。

"圈层"是由上海向西，整个城市群呈现出较明显的圈层梯度特征。目前看可以划分为三个圈层：一是核心圈层，由上海—苏州—无锡组成，是本地区的发展极；二是中间圈层，由南京、杭州、常州、宁波等副中心城市为节点构成；三是外围层，主要由安徽的若干城市组成。三个圈层的存在促使核心城市上海与六大功能不同的副中心城市相互协作，共同引导了整个长三角的要素在整个城市群中的运行和配置。

"扇面"主要是由上海向群内辐射出的 3 条轴线，形成了城市群向外扩展的空间。一是向北的上海—南京—常州轴线，二是向南的上海—杭州—宁波轴线，三是向西的上海—合肥轴线。这些轴线为长江三角洲形成合理的分工体系和发展梯度提供了条件。

通过一核、三条轴线与三个圈层的发展，长三角城市群形成了以上海为核心，以杭州、南京、苏州、宁波为副中心辐射带动其他城镇的等级分明的城市体系。长江三角洲发展模式的最大特点是核心城市上海的辐射带动能力强，与周边很多城市形成了密切的经济联系，是整个地区城市相互作用的引力中心和辐射源。但缺点是各城市主要以与核心城市联系为主，同级规模城市之间联系并不紧密。

（二）珠江三角洲城市群的"双核轴带"发展模式

从珠江三角洲城市群中的城市综合实力来看，呈现较为明显的"双核"特征。

"双核"是指广州和深圳是群内总体发展水平最高的两个城市，成为带动城市群发展的核心城市。广州作为省会城市，是广东省的行政文化中心、经济中心。深圳作为我国最早的开放城市，是区域经济中心、科技中心。两个城市在群内的社会经济活动中处于核心和支配地位，它们之间既相互合作，同时也有竞争和博弈。目前，按照综合实力，佛山和东莞处于城市群的次中心城市，其他城市属于第三梯队。

所谓"轴带"，是指能够保证城市群经济繁荣的交通走廊。核心城市的辐射效应一般会首先沿交通走廊地区集聚资源和要素，逐渐形成工厂、企业的有利区位，因此，发展轴具有接受核心城市向外扩散的先天优势。在珠江三角洲,沿着广州—东莞—深圳这一轴线的周边地区是城市群中发展最具活力和实力最强的经济带。

在我国除了珠江三角洲城市群,还有很多城市群都是"双核"发展模式,比如山东半岛城市群中的济南和青岛、成渝城市群中的成都与重庆等。"双核"城市群一般来说都是两个发展水平相当的城市在城市群中居于支配地位,它们在空间距离上相对临近,各有优势,社会文化相似,有利于区域实现一体化发展。但同时会因距离近且实力相当产生合作愿望薄弱、竞争大于合作的局面。只有通过协调发展,在发挥各自优势的基础上,相互合作,取长补短,把协调整合深入到整个城市群发展的各个方面,取得双赢,才能带动整个区域的协同发展。

(三)长株潭城市群的"一核两翼、成长三角"型发展模式

长株潭城市群是我国湖南中部地区城市密集区,城市群整体实力并不强,但其发展模式较有特色。长沙是湖南的省会,产业门类比较齐全,与株洲、湘潭的经济联系密切,三个城市都是群内的重要城市,它们之间均相距不过 50 多公里。长沙作为群内的首位城市,综合实力明显高于株洲和湘潭,第三产业较为发达,株洲和湘潭是传统的工业城市,三者之间的功能具有一定的互补性,这样就形成了由一个核心城市沿着长沙—株洲和长沙—湘潭两轴,带动两个次级中心城市发展的稳定结构;而且长株潭城市群还处于成长阶段,长—株—潭之间形成的结构被称为"成长三角"型城市群,还有学者把它归为适当分散发展的模式。按照"成长三角"型协调整合模式,通过长株潭三市形成发展核心区,整合区内资源,进行合理的产业分工,调整城市功能,形成一体化发展新格局,辐射带动周边城市的发展,实现资源的合理利用。

三、经验和启示

通过国内外城市群空间布局促进城市群功能优化的发展实践,可以看出发展较好的城市群一般都有四个特点:

1. 城市群的空间结构大多沿长轴呈带状拓展

因为城市布局沿着优越的交通运输轴线展开，形成了经济发展轴和城市发展带，这样的空间布局，一方面有利于核心城市发挥辐射效应，拓展经济腹地的范围，另一方面也有利于加强城市间的联系，通过相互协作增强区域经济联系。

2. 具有比较完整的城镇等级体系

完整的城镇体系是城市群协调发展的空间布局要求。城市群应当是由大、中、小城市组成的相互作用、相互依存的共同体。完整的城镇体系有利于中心城市发挥聚集、扩散和辐射作用，引导各种要素资源在城市群内部合理地流动，最终能够在各个等级规模的城市之间形成适当的发展梯度和合理的分工协作体系。此外，通过国内外城市群发展的实践还可以看到，城市群协调发展需要对群内的城市进行整体的规划和布局，城市群往往是跨行政区划甚至是跨省的城市组成，因此，离不开各级政府和同级政府之间通过建立协调机制，开展有效的协作，共同推动城市群的协调发展。

3. 城市群在区域内的影响力显著

国外世界级的城市群在全球的影响力自不必说，在我国具有国家级影响力的经济区也都是比较成熟的城市群，如上面分析的长三角城市群和珠三角城市群，即便是实力较弱的长株潭城市群也是在我国中南地区具有竞争力的经济区域。

4. 交通网络作用明显

交通网络设施构成了城市群空间结构的骨架。一般来说，核心城市都是由陆路交通枢纽城市或航运发达城市发展而来的，要素不断向中心城市集聚的同时，核心城市的辐射作用也会沿着交通轴线不断向外扩散。交通网络对于城市群空间结构的变化具有重要作用，随着交通优势条件的变化，会产生新的城市、新的功能区，由此改变着城市群的产业空间布局。因此，应加强区域内城市之间交通的通达性，以交通网络为发展轴，促进各种资源的合理流动，形成分工合理的产业空间布局，带动区域整体发展。

第二节 促进辽中南城市群功能优化的发展模式

由前面几章的分析可知，不论从城市首位度、城市发展综合指数还是城市外向度、区位熵等的数值来看，辽中南城市群是典型的"双核"结构发展模式。由于两个城市之间具有较强的功能互补性，且能通过两者之间的轴线向外扩散，对周边地域产生聚集和辐射作用，所以构成了整个城市群的双核发展模式。在城市群发展过程中，如果找到两者的发展规律，使其在良性竞争的基础上合作，在合作中竞争，那么整个城市群将会达到"竞合"和"共生"的状态。

一、双核结构对辽中南城市群协调发展的影响

（一）双核结构能够避免区域生产要素的过度集聚

客观上说，区域内有两个中心城市，难免会出现两个城市之间的竞争；但从另一个角度说，双核结构也从一定程度上能够避免生产要素的过度集聚。沈阳位于辽宁省的中部，是区域中心城市和省会城市，大连位于辽东半岛南端，是港口城市。区域中心城市与港口城市的功能自然分开，各自发挥集聚功能，避免了区域生产要素的过度集聚，从而引发诸如城市规模过度膨胀、用地紧张、污染严重等城市病问题。而且中心城市和港口城市分置大大拓展了各自的发展空间，通过发挥各自的比较优势还可以形成合理的分工协作体系。比如沈阳主要发挥其作为东北地区中心城市的作用，大力发展先进装备制造业、高新技术产业、现代服务业等，努力建设成为我国乃至世界重要的装备制造业基地。大连则要充分发挥其区位优势，发挥其作为港口城市的集散功能、服务功能，建设东北亚国际航运物流中心、区域性金融中心、国际贸易中心、旅游休闲度假中心。因此，在目前辽中南城市群的发展格局下，作为双核的沈阳市和大连市通过合理分工、加强协作，既可以避免区域生产要素过度集聚的状况，

也能有力促进辽中南城市群区域协调发展。

（二）区域内容易形成连接双核的发展带

通常，城市群发展的空间结构都呈现出"点→轴→网"不断演进的规律。在形成的初期阶段，城市群表现为中心城市对于经济腹地的极化作用，吸引周边地区的资源不断涌入中心城市，产生集聚效益，形成"点"；在发展阶段，表现为中心城市的辐射功能不断强化和辐射范围不断扩大，部分功能开始沿着交通通道，即"轴"向周边地区分化和转移，也就是"点"通过"轴"不断向外延伸并形成新的"点"；在成熟阶段，表现为城市群的点和轴不断增多，逐渐形成了城市群这样一个有机的网络体系。在辽中南城市群中，两个核心城市沈阳和大连之间有便捷的公路和铁路相连，沿线必然随着中心城市功能的外移，形成城市带。如沈阳和大连之间有鞍山、营口和辽阳市3个地级市以及海城市、灯塔市、盖州市、大石桥市、普兰店以及瓦房店6个县级城市。由于核心城市的辐射能力和影响力随着距离逐渐衰减，两个核心城市的中点地区有可能存在断裂点，加快中点地区重点城市的发展，可以形成人口、城镇相对密集的发展带，有利于整个城市群的协调发展。

（三）有利于港口优势的发挥和腹地范围的拓展

港口城市的优势不仅与自身的建港条件具有密切关系，还与其腹地经济实力及腹地范围大小有直接关系。双核模式有利于把区域中心的核心城市的腹地范围纳入港口城市的腹地范围，从而多大反馈城市的腹地范围，进一步发挥港口城市的优势。辽中南城市群中，港口城市大连作为核心城市，位于辽宁最南端，向外服务功能如果仅靠建设快速大运量的港口集疏运通道来扩充，显然要受到经济距离的影响和制约。而位于区域中心的沈阳可以起到大连集疏运中转站的作用，把沈阳周边的腹地范围的企业产品汇集后，统一运往大连港，有利于把沈阳的经济腹地纳入大连的腹地范围，从而进一步促进大连城市优势的发挥，更有利于沈阳与大连的分工协作发展。

二、辽中南城市群功能优化的空间发展模式的构建

辽中南城市较为密集，虽然群内包括新型工业化综合配套改革试验区沈阳经济区和辽宁沿海经济带两大国家战略发展区，但城市之间并没有形成很好的互动，沿海和内地之间也缺乏应有的联系。为了促进各城市之间形成有机的整体，必须打破发展现状，按照"两核两极一轴多节点"的发展模式，形成功能上各有所长、相互依存的城市功能网络格局，共同带动区域经济发展。

"两核"是沈阳和大连，"两极"指位于沈阳和大连之间的鞍山和营口，"一轴"是围绕沈阳—大连这一主轴，"多节点"是以沈阳为中心的辽宁中部经济圈和以大连为龙头的辽宁沿海经济带的重要节点城市。采用"两核两极一轴多节点"的发展模式，能够更好地发挥核心城市的作用，还有利于实现沿海地区和中部地区的互动，有利于辽中南地区的竞争力的提高，最终使其成为我国经济新的增长极。

由于要素的流动性和市场经济的作用，城市间分工的形成是一个自组织的过程。城市的集聚和扩散作用通过微观主体的选择实现着城市间的分工，但同时城市政府在规划城市、确定城市功能定位发展方面也发挥着重要作用。可以说，城市群的形成和发展是自组织和他组织相互影响的过程。辽中南城市群"两核两极一轴多节点"的协调发展模式是在充分考虑辽中南城市群现有发展基础和今后的发展方向基础上提出的，力图通过政府的引导实现辽中南城市群的协调发展。

"两核"就是要发挥核心城市沈阳和大连在群内的"核心城市"的作用，抓住目前国内外的有利时机，通过加快发展第三产业，增强服务功能，扩展服务半径，在产业、空间、功能等方面形成两者之间的合作竞争、错位发展的态势。通过产业转移与功能扩展带动其他城市形成分工协作体系，形成有机的区域一体化发展格局。"两极"就是要发挥鞍山和营口两个城市作为辽宁中部地区与南部地区、沿海地区与内陆地区重要连接点的作用。鞍山和营口要找准自身的定位，积极主动地接受大连、沈阳两大核心城市的辐射，为核心城市优势产业做好配套，接受其转移产业，实现错位发展；同时为沈阳、大连两大城市

做好资金、技术、信息、人员流动等方面的铺路搭桥,真正成为中部城市经济圈和辽东沿海经济带的一个重要连接点,成为辽中南地区新的增长极。"一轴"就是发挥"沈阳—大连"这一主轴的空间扩散作用,激发出交通轴线的发展潜力,把发展势能传给沿途的节点城市鞍山、营口及向周边扩展,把沈阳和大连两个核心城市中间的断点接起来,从而更利于"两头"核心作用的发挥。"多节点"就是一方面要发挥沈阳在中部城市群中的核心作用,通过沈铁、沈抚、沈本、沈辽四条轴线,加强沈阳与周边城市之间的经济联系,带动中部城市和地区的发展;另一方面要发挥大连在南部沿海地区的核心和龙头作用,沿大连—营口—盘锦和大连—丹东两翼加强沿海城市之间的分工协作,从而带动沿海地区的发展。同时还要发展其他中小城市,完善城镇体系,加强各城市之间的分工和协作,使辽中南地区形成点、线、面相互渗透的网格化城镇发展格局。

第三节　辽中南城市群空间发展模式的实现路径

一、强化双核驱动,完善城镇体系

(一) 做大做强两大核心城市

作为辽宁的省会,沈阳地理位置优越,位于辽宁省中部地区,工业基础雄厚,周边半径150公里内分布着抚顺和鞍山两个百万以上人口的大城市,以及本溪、营口、辽阳三座人口50万以上的城市,处于我国工业城市最密集的地区的中心。沈阳基础设施条件优越,拥有东北地区最大的民用航空港,是东北的铁路交通枢纽,还是辽宁的政治中心、经济中心和文化科技中心,具备了成为区域核心城市的多方面要素载体和基础保障。

大连位于辽东半岛最南端,自然条件好,是东北重要的对外门户,综合经济实力在辽中南城市群中位列第一。近年来制造业发展势头良好,软件业与金融业在东北都具有很大的优势,也是东北亚重要的航运和物流中心,城市竞争力在全国城市中名列前茅，东北第一，具备良好的发展基础。

虽然沈阳和大连在区域经济社会发展中有绝对的竞争优势，但与国内三大城市群的核心城市相比，从人口规模、产业发展状况、对周边的带动和辐射能力来说，都还有很大的差距。可以说，一个城市群的发展在很大程度上受制于核心城市的发展，所以，做强做大核心城市对于城市群的发展具有重要作用。而特殊的双核发展模式又决定了它们之间要协同发展，竞争合作，共同提高。

1. 明晰定位，错位发展

沈阳和大连是群内的两大核心城市，由于有共同的经济腹地，所以竞争在所难免。但如果两地根据比较优势原则，找到各自的清晰定位，就能够避免由于定位趋同造成恶性竞争，否则不仅会两败俱伤，还会影响区域整体的发展。所以沈阳和大连应发挥各自在产业基础、要素禀赋等方面的优势，在合作中竞争，就能够达到"1+1>2"的效果。中心城市沈阳要定位为以制造、贸易与金融为主导产业的综合性功能城市，发挥工业强大的优势，成为国家重要的新型工业化基地、现代服务功能完备的管理中心、区域商务中心。而大连则要发挥其港口城市的特点，成为区域的港航物流中心、金融中心、信息中心和石化及临港工业基地，同时发挥其自然资源优势，成为东北重要的旅游文化中心。

2. 加快发展，提升效能

核心城市要通过自身的不断强大，集聚更多的资源，吸引更多的要素提升自己的势能，通过产业升级和产业转移产生更多的外溢效益，不断扩散到周边地区，带动区域经济社会的发展。所以，沈阳和大连都要不断地提升城市功能，主要有两个方面。一是提升集聚和辐射功能。核心城市是经济、交通、信息的聚集地，要不断吸引人才、资源、资金流入，随着各种要素的集聚使城市产生规模效益，从而降低经济成本，吸引更多的资源流入，在这个过程中，城市不断发展壮大，功能不断增强。同时，城市提升集聚功能、城市功能不断集聚的过程也是城市不断向外扩散的过程。核心城市的规模发展速度越快，其中心城市的作用也越突出，向周边城市或地区进行产品、技术、资金、信息的扩散活动就越频繁，就会在区域内形成许多新的增长点，出现若干卫星城或经济中心。二是要提升创新功能。核心城市持续地创新，有利于技术的扩散和产业的转移。中心城市的创新能力对于整个城市群都将起到非常重要的作用。深圳作为一个年轻的城市，在短短几十年就成为珠江三角洲的核心城市与其创新能力强大不无关系。因此，大连和沈阳要利用人才集中、资源多样、信息集中的特点，不断加强在技术、管理、产品、组织等方面的创新。

3. 加强协作，实现双赢

成为核心城市都有共同的特点，沈阳和大连也不例外，从已有的发展战略看，沈阳和大连都要发展成为具有综合功能的中心城市，但只要从整个区域来进行规划，提高差异性，在发挥各自优势的基础上细化分工，完全可以实现合作共赢。比如，两者都在争取成为区域的总部基地，实际上总部承担的功能是可以分解的，可以在不同的地方设置不同的中心，完全可以根据两地的特点把市场中心、营销中心设在大连，把研发和管理中心设在沈阳，这样不仅两个城市都有发展的空间，还加强了两者之间的互动合作。

（二）壮大副中心城市

不同的城市规模具有不同的集聚效应，城市群就是由不同规模和等级的城市形成的功能互补的有机整体。核心城市的辐射和扩散效应也要通过次一级的节点城市向外传递。一般来说，副中心城市处于两大核心城市中间，起着承接核心城市辐射和连接中小城市的节点的作用。辽中南地区是我国城市化最高的地区之一，但通过前面章节对辽中南城市群城市规模的分析，群内只有两个核心城市人口超过300万人，人口在100万~200万的大城市只有2个，核心城市和中小城市之间缺乏大城市的支撑和连接，因此，加快培育副中心城市是辽中南城市群提升整体竞争力的重要途径。

从目前看，辽中南城市群中以沈阳为中心的区域中抚顺、本溪、鞍山、辽阳、铁岭都有发展成为区域副中心城市的基础和条件，而以大连为中心的营口、丹东、盘锦也有发展成为沿海经济带的副中心城市的基础。但在沈阳和大连之间的重要节点城市中，鞍山和营口的地理位置和经济基础都比较优越，有形成"城市洼地"的有利条件。把营口、鞍山作为城市群的次中心城市有利于沈大轴线中部的隆起而非塌陷，营口和鞍山中间还有海城、大石桥、盖州三个县级市，营口和鞍山的加快发展也会增加与三个城市在经济上的融合，形成一个城市圈，有利于形成两核之间的缓冲带，使各自的分工协作更加顺畅。鞍山的钢铁行业与本溪、辽阳、沈阳等地的相关产业都属于上下游关系，它的发展也会增强城市的集聚力和辐射力，形成更多的"极化点"，从而带动周边地区的发展。发挥营口的港口区位优势，大力发展促进与周边地区的企业合作，如营口与鞍山都有丰富的菱镁矿，能够合作形成产业密集带；同时与油气资源丰富的盘锦距离较近，有形成精细化工产业集群的条件。因此，壮大鞍山和营口，使其成为带动区域经济发展的增长极，有利于增强辽中南城市群持续发展的动力。

（三）协调发展节点城市

核心城市对周边地区的集聚和辐射是依赖于所处的城市体系逐级进行的。商品、资金、技术、信息是顺着从核心城市—大城市—中小城市之间进行着互动交流的。城市群是呈现金字塔形的，等级不同的城市是城市群网格体系上的不同节点，节点城市越发达，城市群就越成熟，核心城市功能就会越来越强。辽中南城市群城市较为密集，城市化水平较高，只有协调发展重要节点城市，才能推动城市群整体有序地运行。沈阳周边的抚顺、本溪、辽阳、铁岭作为中部城市群的区域中心城市，在承接沈阳转移产业的同时，发展具有自身优势的产业，实施产业差异化战略是必要的，否则区域之间还会出现同质产业竞争，出现争资源、争市场等利益冲突，不利于区域的协调发展。丹东、盘锦等沿海城市也应实现差异化发展，不断提升自身的竞争力，在整个区域中起到联系核心城市和周边地区的重要节点作用。

（四）大力发展中小城市

中小城市作为连接城市与农村地区的节点，构成了城市群在空间上连续的、有梯度层次的经济循环网络。从目前的发展看，沈阳和大连两个核心城市的辐射作用还存在断裂点，在海城以南、瓦房店以北很大范围内没有节点城市作为支撑点。从现有的中小城市看，鲅鱼圈无论从地理位置还是经济基础，都有条件发展成为连接大连和沈阳的节点城市。在沿海地区，大连与丹东之间也存在辐射的断裂点，大连与丹东之间的城镇中，庄河有条件发展成中等城市，成为大连与丹东之间的节点城市，形成完整的辐射带，通过丹东带动东北东部的发展。除此之外，还要在扩建昌图、开原、辽中、灯塔、新民、普兰店、盖州、庄河、东港等为中等城市的同时，发展一批小城镇，容纳和吸引农村人口和资源的集聚，从而形成中小城市群，完善城市群的经济循环网络。

二、发挥轴线的辐射作用，扩大辐射范围

核心城市通过经济轴线可以更好地发挥集聚和扩散的作用。轴线形成后将不断吸引人口、产业向轴线两侧集聚，同时也会把产品、技术、资金、信息等要素向周边扩散，推动区域的发展，形成网络化结构。辽中南城市群是我国交通线最密集的地区之一，尤其是中部地区通过点轴带动，使区域内的要素流动更为便利，有利于形成合理的空间布局。

（一）要做强主轴沈大带

这一轴线的重要作用是实现中部与沿海地区的互动，尤其是沈阳与大连在发展壮大自身的同时，实现合理分工，变竞生为共赢。沈阳和大连核心作用的发挥必将沿着沈大交通主轴向两侧扩散，通过在轴线附近资源不断地集聚，逐渐形成企业集聚，最终发展成为产业集聚，壮大已有的节点城市和形成新的节点城市，并通过这些节点城市把扩散效应的范围不断加大，最终辐射全部区域，提升整体的竞争力。

（二）完善中部城市连接带

要发挥沈阳与周边城市连接带发展轴线的作用，整合资源，优化发展布局，着力打造中部市连接带。一是沈阳—抚顺城际连接带。以沈抚大道和南环公路为发展轴线，西起沈阳东陵（外三环），东至抚顺高新技术开发区。大力发展先进装备制造业、新材料及精细化工产业、动漫设计等文化创意产业、集成电路、智能材料等优势产业，以及生态旅游度假等现代服务业。二是沈阳—铁岭城际连接带。以沈铁城际铁路和 102 国道为发展轴线，南起沈阳道义开发区，北至铁岭凡河新城。积极推进沈阳北部地区产业辐射功能，加强铁岭南部空间发展与沈北地区有效对接，实现沈铁城际连接带一体化发展。铁岭北部作为辽宁开放的北大门，吸纳吉林、黑龙江、内蒙古等产业转移。三是沈阳—

本溪城际连接带。以沈本产业大道、304 国道和沈丹高速公路为发展轴线，北起沈阳浑南新区、本溪经济技术开发区、本溪工业加工区至南芬循环经济区。重点发展集成电路装备、软件、生物医药、休闲旅游等核心产业。四是沈阳—辽阳—鞍山—营口城际连接带。以沈大和沈营交通干线为发展轴线，北起沈阳，南至营口。沈阳、鞍山、营口、辽阳四个城市依托沈辽鞍营产业大道和沈营通海大道，共同开发建设沈阳经辽阳、鞍山至营口的经济发展带。发挥已有产业基地和营口港的双重优势，重点发展装备制造、钢铁深加工、石化产业。加快四城市的产业空间布局和主导产业发展形成良好衔接，推进辽宁腹地和沿海良性互动发展。

（三）发展沿海城市轴线

大连作为辽宁沿海经济带的龙头城市，从总体上说，对周边城市的吸纳作用大于辐射作用。而且从地理距离上看，大连很难与沿海其他城市形成辐射和带动关系，而更多体现的是一种相互之间的竞争关系。这不仅不能很好地发挥带动沿海城市发展的作用，也限制了其与腹地的互动联系。因此，要打通沿海城市的连接点，一是大连—庄河—东港—丹东轴线，二是大连—长兴岛—营口—盘锦轴线。沿已修成的滨海公路将周边小城镇以及工业园区连接起来，发挥沿海地区的优势，逐渐形成集港口运输、观光旅游、农业产业化于一体的新兴城镇地带。同时，把大窑湾、长兴岛、鲅鱼圈至沈大公路的通道打通，把沿海城市与内陆地区连接起来。这些轴线的建成将形成若干个增长节点城市，成为城市群中的次级城市或三级增长中心。通过这些点的合理定位，错位发展，相互协作，形成一条沿海经济增长轴带，城镇体系将更加完善。

三、协调沿海与内陆，形成合理的空间布局

辽宁省有两个国家战略规划区，一个是以沈阳为中心的 2010 年被国务院批准的国家新型工业化综合配套改实验区，包括沈阳、阜新、铁岭、鞍山、本溪、抚顺、辽阳、营口 8 个城市；另一个是以大连为龙头的辽宁沿海经济带，包括大连、丹东、营口、盘锦、葫芦岛、锦州 6 个城市。实际上，两个规划区

包含了辽宁的所有地级市，而其中大部分城市都属于辽中南城市群。一区一带即辽宁沿海和内陆的协调发展关系到整个辽宁的经济社会总体状况。本书所要探讨的是辽中南城市群，所以重点研究以沈阳为中心的辽中城市圈与以大连为中心的沿海城市带的协调发展，从而形成合理的城市群发展格局。

一般来说，在一个区域内，沿海是腹地经济发展的窗口，腹地是沿海地区发展的支撑力量；而且两大群体共处于同一省份之中，更易于实现合理分工和布局。辽宁中部城市群工业体系完善，工业基础雄厚；沿海地区港口资源丰富，临港特色产业发达；两个群体有着较好的产业分工和合作空间。辽中城市圈和沿海经济带之间要实现协调发展，首先要根据自身的禀赋形成各自的分工，其次要根据各自的分工开展合作往来，形成区域整体合力。从上面的分析可以看出，中心城市沈阳所在的区域，是我国装备制造业、原材料生产基地和重化工业高度集聚区，通过四条轴线把周边城市联结起来，在分工协作的基础上形成经济社会融合发展的"城市圈"；以大连为龙头的沿海城市通过两条轴线，集聚资源和产业，形成"经济带"。同时通过做强沈大轴线，加快营口和鞍山的发展，加强内陆与沿海城市的互动，最终形成区域合理的空间网络布局。

四、加强合作，形成一体化的区域基础设施网络

完善、高效的区域基础设施网络，是实现区域内生产要素快速流动的重要保证和条件，也是降低市场交易成本的关键因素。由于受行政区划的影响，辽中南城市群内部缺乏有效的协调机制，导致各城市在基础设施的供需方面出现了不平衡的状况。这一方面是因为基础设施具有较强的外部性，各城市大多从自身利益出发，不与其他周边城市共享，从而导致城市之间的基础设施存在供给不足。另一方面，各城市为了提升自己的竞争力，搞大规模的基础设施建设，比如港口和机场的建设，造成资源浪费和使用不足的状态。辽中南城市群要实现协调发展，需要加强基础设施建设方面的协作，实现资源的共享共建。

（一）建设东北亚航运中心及组合配套港

辽中南是东北腹地经济的出海口，东北要建设成为装备制造业、石油化工、冶金、能源等产业的基地，必然需要规模化、集约化的运输服务。辽宁全省共有 6 个港口，其中大连港和营口港是排名前二的港口，目前已基本形成了以大连与营口为主、丹东和锦州为辅、盘锦和葫芦岛为补充的格局。多个港口的存在，竞争不可避免，但港口之争主要发生在大连港和营口港之间。2007年国家发改委公布的《大连东北亚国际航运中心发展规划》对大连港和营口港有了具体的分工。因此，要围绕东北亚航运中心的建设，一是所有港口要根据腹地产业和国际贸易的趋势，不断提高建设水平；二是要分层次建设港口。大连港是建设东北亚国际航运中心的重要基础，要进一步以外贸集装箱为主，而营口港要与大连港避免竞争、错位发展，要以内贸集装箱为主，成为东北地区重要的海运口岸和地区物流中心。同时还要不断提高服务水平，更好地发挥对东北乃至东北亚经济社会发展的支撑作用。引导港口之间形成职能明确、优势互补的港口群。

（二）构建完善的交通运输体系

要按照"海陆一体化"的开发思路，一是完善省内高速公路网络，使省域内高速公路实现互通互联，尤其是要加强城市群内各城市、产业基地、沿海港口、沈阳机场和大连机场之间高速公路的连接；二是完善和优化铁路路网结构，加快干线铁路电气化和复线建设，提高运输能力，加快疏港铁路建设，确保与港口同步发展；三是强化城市群内沈阳桃仙机场、大连周水子机场两大枢纽机场，优化航空网络，形成布局合理、分工明确的机场体系。

（三）实现通信一体化

通信一体化，可降低行政区划带来的通信成本，促进区域信息通信能力的整体提升。2011 年 8 月 28 口，沈阳、抚顺、铁岭三城市共用"024"正式开通，并网后统一使用 024 长途区号，号码升位并网融合给企业和行业产业带来了更多的经济效益。下一步，应当在充分调查研究的基础上，结合区域内各城市通信行业实际发展状况,逐步使整个辽中南城市群使用共同区号。同时,要共同开发建设综合性公共信息交换平台。建立统一的数据库,就城市群内基本情况如自然资源、人口、单位、社会保障、政府文件等信息进行共享;对城市群各城市的政务、社会、经济贸易、商品供求、招商引资等方面的政策法规、动态信息等进行统一发布。

本章小结

　　城市群内部产业之间形成合理分工、城市间形成错位发展是城市群协调发展的关键。但城市群协调发展的前提是有一个良好的经济地理布局。因为城市群整体功能定位及其内部城市功能定位在空间上实现有效分解是城市群协调发展的基础,而城市群空间网络格局的发展又是城市间功能相互作用的载体。如果能够针对城市群发展特点选择适合的空间发展模式,将形成两者的良性互动。不同的城市群根据自己的特点,都选择了不同的空间布局,形成了完善的城镇体系。在吸取国内外城市群发展经验的基础上,本章提出了辽中南城市群"两核两极一轴多节点"的协调发展模式。通过做大做强核心城市,更好地发挥沈阳和大连在群内的"增长极"作用;通过发展营口和鞍山两个副中心城市,更好地连接中部城市群与南部城市带;通过轴线集聚资源,更好地发挥集聚和扩散的作用;并且要加强辽宁中部都市圈与辽宁沿海经济带之间的合作,形成区域整体合力;通过共同建设完善、高效的区域基础设施网络,为实现区域内生产要素快速流动提供条件,为群内协调发展打好基础。

第七章　辽中南城市群协调发展的政策建议

　　城市群是一个经济区域概念，在城市群的发展过程中，许多区际性问题是需要各个城市相互合作才能解决的。从理论上说，如果城市群内各个城市都能够发挥各自优势，进行分工协作，对于区域内资源利用效率的提高有着重要的作用，能够提高区域整体的产出和收益。然而在现实中，城市群内的合作往往处于困境之中，甚至流于形式中。一方面是由于政府与市场之间的关系协调起来比较困难；另一方面是由于区域经济与地方政府之间往往存在矛盾，这些矛盾来源于各城市政府之间各自为政、GDP 之争以及城市规模和地位之争。要解决这些矛盾，一是要协调区域产业发展政策，促进区域产业分工与协作；二是要建立有助于城市群协调发展的平台，完善城市群协调发展的体制机制；三是要消除区域内的壁垒，形成统一的市场体系；四是要建设服务型政府，包括国家层面的政策期待。

第一节　推进辽中南城市群内的产业合作

　　区域协调发展的根源在于产业的分工与协作体系的形成。辽中南城市群协调发展的关键在于各城市要有所为，有所不为，共同推进产业结构调整。各方需要合理确定自己的产业定位和结构调整方向，沿着中心城市与周边地区实行垂直分工、中心城市之间实行水平分工、中心城市优势企业采用多种方式向周边地区转移传统产业项目的方向，探讨企业专业化协作、集团化发展的路子，在区域内打造相互依存、衔接紧密的产业链条，逐步形成合理分工、互相促进的产业结构新格局。

一、贯彻实施国家政策，推动区域产业集群化发展

自实施东北振兴以来，国家针对老工业基地出台了许多政策，起到了巨大作用。在新一轮振兴政策下，辽宁必须要坚定不移并下大气力将国家赋予的支持政策落到实处，让政策发挥出作用，让制度和政策释放出红利，真正起到助推作用。随着区域竞争的加深，为降低各种生产要素成本，刺激创新，提高效率，大量相关企业以主导产业链为基础，在特定的地理范围集中，形成了有机的产业群落。这种产业集群以其地理集中、灵活专业、创新环境、合作竞争的优势，提升了整个区域的竞争能力。区域的产业竞争力最终要看能否形成有竞争力的产业集群，因为有竞争力的产业集群是区域经济长期增长和繁荣的源泉。

（一）依托优势，形成特色产业集群

一要依托地理优势。依托矿产资源丰富的优势，打造冶金与材料产业集群，如：依托辽南的镁矿资源，发展辽南镁质材料产业集群；依托大连和丹东的海洋资源优势，打造相互协作的水产品加工产业集群；依托沿海地区的优势，利用进口资源激增和产品市场国际化的特点，发展临港工业集群，如大连湾临海装备制造业集聚区和配套园区、大连松木岛化工区、大连旅顺南路软件产业带、营口仙人岛能源化工区、营口大石桥有色金属工业园、营口经济技术开发区、盘锦石油装备制造基地。二要依托科技优势。利用区域内东北大学、大连理工大学、中科院自动化研究所、大连物理化学研究所等著名的高校和院所，发挥高新技术对产业发展的支撑和带动作用，充分发挥中高端数控机床、柔性制造系统、自动化成套装备及关键功能部件等方面的优势，加快高档数控机床关键产品及核心部件产业化，建成国内重要的数控机床产业集群。大力发

展战略性新兴产业，打造新能源、新材料、信息产品制造集群等。三要依托现有产业或产业链基础。辽中南城市群已经形成了以冶金、机械、石化、建材等支柱行业为主的全国重要的重化工业基地。应实施一批重点工程，推动装备制造业向智能化、绿色化、服务化和品牌化方向发展，打造装备制造业竞争新优势，形成先进装备制造业产业集群。依托旅顺轨道交通产业园区等重点园区，加快高速重载、节能环保等多种类型机车的研发制造，加大现代轨道交通装备核心系统和部件的研制开发，完善产业链条，建成国际一流的轨道交通研发制造集群。四要依托政策优势。抓住新一轮东北振兴的政策优势，抓紧推进国家部署的重大项目，形成产业集群，如通过恒力炼化一体化项目、中石油长兴岛炼化一体化项目、中石油辽阳石化项目、中国兵器辽宁华锦石化项目等扩建项目的落实，形成和优化石化产业集群。

（二）促进已有产业集群转型升级

一是促进装备制造业产业集群优化升级。作为辽宁经济发展的重要支柱，装备制造业应向信息化、高技术化发展。要以高端化为方向，着力发展基础制造装备、重大成套装备和交通运输装备，切实提高配套产品的制造能力和水平，大力推进企业联合重组和产学研结合，推动生产型制造向服务型制造的转变，着力打造世界级的、具有国际竞争力的先进装备制造业产业集群。二是按照控制总量、淘汰落后、集群发展、产业链延伸的总体要求，推进原材料工业向基地化、大型化、一体化方向发展，着力优化产品结构，着力优化产品结构，拉长产业链，提高产业集中度和产品的加工深度。三是推动石化产业集群发展。依托长兴岛国家级石化产业基地，加快推进恒力石化等重点项目建设，促进石化炼化一体化、生产清洁化发展，引导石油化工企业向园区集中，打造世界级的石化产业基地。依托松木岛石化产业园区，发展精细化工、无机化工等高附加值化工产业。四是推动海洋工程产业集群发展。依托长兴岛、旅顺等造船基地，加快推动船舶制造和海洋工程的结构调整和企业重组，提高船舶产业竞争力，重点发展节能环保气体运输船、大型集装箱船、超大型原油船、北冰洋航线运输船、高档游艇等高技术、高附加值船舶。海洋工程重点发展大型深水钻井平台、海上生产储卸装置、海上安装作业平台等装备的研制。

（三）促进生产性服务业集群发展

服务业是一个国家或地区经济发展的重要依托。辽中南城市群在促进产业结构调整升级过程中必须以生产性服务业发展为突破口和支撑点。充分发挥沈阳、大连这两个核心城市的作用，制定和实施相应的产业政策和区域政策，促进专业化分工和相关生产性服务企业向沈阳和大连相对集中，增强核心城市的辐射带动能力。一是鼓励有条件的制造业企业向服务业延伸，发展生产性服务业。应加大对制造业前期的研发、设计，中期的管理、融资，后期的物流、销售等服务的投入，促进辽宁省重装机械、石化设备、船舶制造、汽车制造、电子通讯设备等产业与信息、金融、保险、物流等现代生产性服务业的融合。推进软件和信息服务外包向高端化发展，加快软件与贸易流通、工业生产、金融服务等领域融合发展，推进大数据、云计算、物联网、工业软件产业发展，支持云计算公共服务平台、互联网创新平台、北斗卫星应用产业园等重点项目建设。大力发展研发设计服务、知识产权服务、科技成果转化服务、人力资源服务等科技服务业。二是大力发展金融保险业。建立完善金融机构、市场体系、产品创新和风险防范体系，强化金融对实体经济的支撑服务功能。创新发展产业金融、科技金融、普惠金融、消费金融、航运金融、绿色金融等金融业态；加快发展健康养老保险、责任保险、农业保险。建立技术、知识产权交易平台，建设东北亚产权交易中心。完善商贸市场流通中心功能。积极发展城市商业综合体、便民连锁店、仓储式商场、网上购物、物流配送等新型业态。三是促进商务会展服务市场化、规模化、专业化、品牌化和信息化转型发展，打造东北亚国际商务会展名城。继续办好各种论坛和品牌展会，培育发展商务中介服务市场，提升会展和商务服务业国际化水平。

（四）实现产业链上的分解式集聚

企业之间的贸易不仅是初级产品和制成品之间的贸易，而且越来越多地体现为零部件、元器件和专业化加工服务等之间的贸易。各城市之间不仅要利用资源条件选择关联度高的主导产业来带动自身产业的发展，更重要的也在于形成某个具有特色的产业或环节，通过产业集群提升价值链，进行增值活动，形成区域生产的生态系统。具体来说，就是在空间关系上，要通过要素的集聚和扩散效应，使得具有较高产业势能的地区与拥有较低产业势能的地区形成具有明显梯度的纵向合作关系。结合投入产出表，以沈阳和大连为核心，构建相互合作的产业链条，如石油开采—炼化—精细化工、金属矿采矿—电力生产供应—金属冶炼与压延加工—电器机械及器材制造、汽车零部件—汽车总成与模块—整车产业链、农产品—初加工—食品工业—生物制药等。

二、推进区域产业政策协调

虽然辽中南城市群具备了形成产业集群的要素优势，但一体化经济仍然处于初级发展阶段，资源、地域优势还没有充分发挥，区域壁垒导致产业难以实现优势互补。区域内经济竞争的动机强烈，而互补性合作的程度比较弱，没有形成在国内具有市场竞争优势、关联程度高的产业链，阻碍了生产要素跨地区优化组合和产业集群的发展。产业是支撑城市发展的重要力量，决定着城市的地位和作用，是城市功能的具体载体，也是城市间经济利益竞争的核心。着眼未来，区域内各市应放弃单体竞争的思想，立足区域整体竞争，促进产业集群发展，加大品牌培育和开发力度，引导产业优化升级，提高产业的市场竞争力。所以区域间的产业政策协调十分必要。

（一）良好的产业协调机制

以产业调整为主线，加快产业升级，促进城市主导产业及其空间布局合理。主导产业的选择应具有前瞻性，产业升级与城市功能的完善有密切关系，并会影响到更深层次的城市空间布局和区域协调发展问题。因此，要注重区域产业政策的协调一致，城市群内的城市要结合自己的产业基础，积极进行产业内部的技术改造，做大做强优势产业，同时要有所取舍。不能一哄而上都把现代服务业或生产性服务业作为自己的主导产业，应形成有分有合、有主有次、综合配套的相对协调的产业体系。群内的核心城市沈阳和大连应加快完成从"二、三、一"的产业格局向"三、二、一"的格局演进，其他城市应继续强化"二、三、一"的产业发展格局。

（二）按照市场规律推进城市群内企业的协调整合

在发挥市场的决定性作用基础上，充分利用本地区优势资源，努力为企业营造跨区域扩张和竞争的政策条件，推动跨地区企业集团的建立和壮大。作为老工业基地，辽中南地区要大力推进城市群内相关制造业的整合，一是要根据区域现有的产业发展基础和优势产业，结合国内外产业发展的趋势，打造区域的支柱产业和主导产业，延长产业链，在市场竞争中，打造合理的产业布局和区位优势。实力雄厚的企业可以在价值链各个环节通过产权式合作模式，以独资、合资或者收购、兼并等方式实现产业升级或向低梯度地区的转移。也可以采取联盟合作方式，通过组建企业集团、共建产学研联合体或研究中心、合作进行项目开发与研究等方式，使得产业链条上下延伸。还可以采取松散合作模式，如国际上通行的 ODM、OEM 等合作类型。要通过这些方式，培育一批具有自主知识产权和较强国际竞争力的大型企业集团。重点推进产业分散又具有关联性的石化、钢铁、装备制造等重要行业战略合作和重组。二是要引入龙头企业。要利用东北老工业基地振兴以及辽宁沿海经济带和沈阳综合改革配套实验区的优势，通过区内企业的做大做强和对区外著名企业或集团的招商引资，在现有产业集群内引入龙头企业或掌握产业链高端关键环节的企业，以此激发和带动产业链的集聚式发展。如，沈阳要积极打造民用航空国家高技术产业基地，推进沈飞与庞巴迪公司合作，做好大型飞机与飞机发动机等项目的推进。

（三）完善产业分工合作机制

为了实现区域协调发展，各城市应从长远利益出发，结合自身的资源禀赋和产业基础，选择主导产业，实现错位发展。如果优势产业相似，可以分别发展不同的产品；如果产业中的产品也相似，则可以在产业链条上加强分工协作。如：鞍山、营口、本溪、辽阳的钢铁产业的分工协作，辽宁沿海城市在船舶修造产业的分工协作等。通过加强城市之间的产业联系，形成区域性产业分工协作网络，提升区域整体的产业竞争力。

第二节 建立有效的城市群协调机制

面对城市经济越来越趋向于由行政区经济向城市群经济演变的趋势，城市群内各政府要树立整体发展意识，在竞争中寻找合作的机会，形成相互依存的共生关系，建立经济利益共同体。随着各行政经济体的壮大，要实现城市群协调发展，必然要求建立政府间有效的协调机制，对城市群个体统一制定规划，制定公同遵守的制度和政策等。另外，随着经济全球化的发展，城市群之间的竞争也愈演愈烈，需要城市群内各城市联手参与到更大范围的分工体系中，以增强整体的竞争优势。因此，各地政府应当从区域的角度规划城市群发展，协调行动，保证区域经济的稳定发展。

一、制定城市群发展规划

城市群发展规划是以实现跨行政区之间协调发展为目的，通过协调未来一定时期内城市群内各城市之间的关系，以实现区域整体经济社会协调发展以及资源环境最优利用的战略部署。发展规划对城市群总体空间布局发挥着导向作用，能够促进地区产业结构的调整、地区公共基础设施的建设以及资源环境的保护。目前我国长江三角洲城市群、珠江三角城市群都有整个区域的中长期发展规划，京津冀一体化的规划也已出台。辽中南城市群中两大国家战略发展区——沈阳经济区和辽宁沿海经济带——都有自己的规划，但辽中南城市群整体的发展规划仍未出台，影响了城市群的整体发展。

（一）尽快制定辽中南城市群发展规划

辽中南城市群发展规划是省内跨市规划，编制与实施有一定的难度，应当适应新形势，用新的理念和方法制定规划，以保证规划的科学性、合理性和可操作性。

首先，要创新规划理念。一是城市群发展规划应以创新、协调、绿色、开放和共享五大发展理念为指导，根据辽宁省区域发展战略的要求，搞好城市群内地区之间、城乡之间、经济与社会以及人与自然环境之间的统筹协调规划。二是区域发展规划要以维护区域整体利益为目的，通过协调地区之间的关系达到协调发展。三是区域规划从性质上看是一种契约性规划，不是传统的指令性计划，它是通过不同行政主体通过协商达成的促进区域协调发展的契约，一旦达成对彼此的行为都具有一定的约束性，从而推动区域有序竞争。

其次，要运用科学的规划方法。一是要通过开放的行政程序制定规划。区域发展规划涉及众多行政主体的利益，公共决策必然是不同行政主体不断讨论、协商和调和的过程，因此，区域发展规划应该是不同层级政府之间通过协商达成的一种契约，是各方利益的表达和体现。必须建立开放的行政程序，让各方利益得以充分体现，不仅各级政府要参与规划的制定，社会各团体、市民都应广泛参与其中，在协调各方利益的基础上真正体现公众意志的公共利益，方能获得行动"最大公约数"效应。二是要根据事态发展对规划进行动态调整。采取多阶段的方式制定规划，建立规划实施和反馈机制，定期对前一段时期规划的实施情况进行评估，根据评估结果和变化了的内外因素，对规划进行及时修正。三是规划的制定要坚持问题导向。制定规划的目的是促进区域协调发展，而区域发展始终处于变化之中，不同的发展时期影响区域协调发展的主要问题和矛盾也不同，因此，规划的制定必须坚持问题导向，针对主要问题进行规划，才能提高区域规划的编制效率与效果。

最后，区域规划的内容要完整具体。区域规划的侧重点是通过协调城市群内各行政主体之前的发展关系，实现区域的整体协调发展。因此，规划必然包括：一是区域总体发展目标。确定辽中南城市群在辽宁省、东北地区、全国乃至东北亚地区的发展目标及地位。二是整个区域的主体功能区划分。从整体上界定辽中南城市群的开发和保护边界，将优化开发区域、重点开发区域、限制开发区域和禁止开发区域的范围落实到大致的空间上，保证区域内资源的有序开发利用，防止各行政主体盲目无序推进城镇化和工业化，以促进区域内经济社会发展与资源环境相协调。三是对群内主要城市、重点产业聚集区进行功能定位，规划城镇体系和空间开发结构。对各城市的主导产业选择和布局进行协调和沟通，实现各地区之间的合理分工，避免产业和城市功能的趋同。四是对区域性基础设施进行统一布局。对辽中南城市群内主要基础设施，如铁路、公路、航空、电网等的走向、数量、等级、节点等提出建设和实施方案，引导区域整体空间结构发展方向，实现最优发展。五是对城市群内生态环境保护与治理进行规划。主要是要明确各城市和地区在环境保护与治理中的权益与责任。同时，通过统筹布局环保基础设施建设及其布局，改善区域的生态环境。

（二）要建立区域规划实施的保障机制

一是要保证规划实施起来有据可依。要健全各种制度和措施，如公众参与制度、协调制度以及立法保障空间管治手段等措施，还要明确区域规划的财政保障及其他保障措施，以保证规划编制得合理可行和实施时有据可依。二是建立各城市规划与整体规划的衔接机制。各城市在制定自己城市的规划时要主动与整体规划衔接，对城市行政区范围内的城市建设、城乡建设进行综合统筹安排，在基础设施、产业布局、环境保护和城镇布局等方面加强与整体规划和各城市之间规划的衔接，从而确保城市群内的空间布局、产业发展等协调。

二、促进区域协同发展平台建设

建立区域协同发展平台，有利于实现区域在各领域的合作，从而共同推动区域的协调发展。

（一）区域项目合作平台

区域协调发展是从具体的项目和产业做起的。一是共同组建产业连接带。辽中南城市群有好的工业基础，应当对现有产业实行整合配套，实现强强联合，搭建项目合作平台，鼓励企业联合重组，运用市场力量完成产业资源的优化配置。同时，非中心城市可以通过与核心城市进行产业配套或发展互补产业，实现产业融合。二是要建立联合式招商引资平台。各地政府为了完成引资指标，往往以牺牲本地的资源为代价，为避免各地在招商引资过程中比拼优惠政策，进行恶性竞争，应出台省级层面的协调机制，统一制定土地政策、产业政策、税收政策等，统一建立优惠体系，使各城市更关注与改善自身的投资环境，而不是政策是否优惠，避免城市间的非理性竞争。

（二）技术创新合作平台

辽中南要成为世界级的先进制造业基地，就必须率先实现新型工业化。由于工业基础雄厚，国家把沈阳及周边工业城市规划为新型工业化的示范区，要实现信息化改造传统工业，实现产业升级。而现实是辽中南地区虽然制造业在全国占有重要地位，但核心技术和关键技术并没有实现自主化。辽中南地区在科技合作、技术转移等方面由于条块分割的行政体制，还缺乏制度上的安排。因此，为加强科技创新能力，促进产业优化升级，一是建立基础科技资源共享机制。在一些共性技术和基础科技方面加强合作对于整个区域的产业发展都能产生重要的推动作用。推动专家库、项目库、科技文献资料、大型科技设备等资源的共享。共同编制科学技术合作规划，根据科技攻关项目共建科研基地，实现资源共享、共同攻关等。二是建立科技合作的资金保障机制。可以通过政府投资带动民间资金参与的方式，为区域内科技合作筹措资金。三是加快建立知识产权管理和保护体系。对区域内外企业运用域内共同研发的公共技术进行有效管理，制订公共技术运用的规则，建立知识服务体系，同时通过信息平台的建设，共享知识产权执法的信息。

（三）人才培养与流动合作平台

随着知识经济的发展，人才尤其是高端人才越来越成为地区之间竞争的重点。辽中南地区近几年来人才流失现象非常普遍，除了核心城市，大多数城市的人口呈负增长状态（见附表3）。在区域经济中，通过人力资源的共同培养和开发，实现人才效益最大化，对于区域经济持续稳定增长具有重要意义。一是完善促进人才流动的相关制度。各城市在户籍、社会保障、人事管理制度上要进行衔接，促进人才流动，因为人作为重要的生产要素，只有能够无障碍地自由流动才能人尽其才，创造更大的效益。二是要把人才发展规划纳入区域整体规划中，实行统一的、规范的人才政策，建立一体化的人才制度，引导人才的发展和利用。三是共享人才信息，建立行业人才库。要实现人才市场的信息互联，建立跨区域的人才储备库，根据市场的用工需求，在人才招聘、人才培养等方面进行合作，实现人才互通。

三、加快城市群协作组织建设

从世界级大城市群的发展经验看，无论是崇尚自由的美国还是政府作用较大的日本，在城市群的发展中，都建立了统一的城市群协调机构，如美国的纽约大都市区政府、东京都市圈政府、巴黎大区政府等。通过统一协调的机构进行城市群的交通、水资源、环境治理等方面的规划，减少内部竞争和冲突，实现城市群的协调发展。由此可见，要使区域经济协调发展，没有对成员有约束力的组织协调机制是很难实现的。从国内城市群一体化的发展经验看，有效的利益协调组织能够发挥解决区域间矛盾冲突的作用，目前国内城市群的协调组织有行政首长会议、秘书长会议和部门会议等形式，为了解决具体的问题，有的城市群还建立了专门的委员会。随着实践的发展，建立一个强有力的中心领导下的多中心协调组织的模式是改革的趋势。辽中南城市群作为辽宁省内城市群，各城市有着天然的统一的上级政府——辽宁省政府，可以建立在辽宁省政府领导下的多层次协调机构，形成利益共享、风险共担的协调机制，从而有效促进城市之间的合作。

（一）设置辽中南城市群协调委员会

设置区域协调委员会是促进区域经济一体化的一种较为温和可行的办法。应当在现有的沈阳经济区委员会和辽宁沿海经济带市长联席会议制度的基础上，在辽宁省委省政府的有关指导下，成立辽中南城市群协调委员会，作为区域协调发展的组织机构。在性质上，既可以是官方机构，也可以是包含各种民间协作组织的半官方机构。通过制订共同的发展章程，增强委员会对各方的约束力，而不仅仅是形式上的联合与合作。正是因为目前的对话协商方式对各城市都缺乏约束力，才使得合作举步维艰。在管理上，既可由省委省政府直接管理，也可委托省发展与改革委员会管理。委员会通过建立区域内决策协调机制，针对存在的诸如重复建设、环境治理、资源利用等问题进行有效磋商，拿出具有可操作性的对策，推进区域协调发展。赋予辽中南城市群协调委员会一定的财权，其经费来源主要是城市群区域内各城市政府财政收入中按比例分摊的部分，还应包括省级财政收入中的专项划拨，支出主要是用于城市群区域规划的编制、区域重大基础设施建设的前期论证、区域重大产业布局的前期论证、区域生态环境保护与治理的补偿、对落后地区经济发展建设的援助等。同时也要推进相关法律体系的建设，这些法律应是被城市群区域内各个地方政府所认可的，法律对于城市群协调组织的人员构成、职能、经费、权力等进行严格的界定，而且严格界定城市群区域协调组织的职能与区域内各地方政府的职能。

（二）成立专门的协调管理机构

在辽中南城市群协调委员会下建立由群内各城市政府共同参与的常设协调机构，开展一体化的管理工作，主要负责涉及城市群内城市之间的事宜。比如各领域跨地区的规划、相关政策的制定、解决关于地区间发展的纠纷、组织联合发展行动等。另外，应随着区域合作规模和范围的扩大，不断强化专门协调管理机构的管理职能，扩展协调范围，进一步促进区域合理分工。选择城市群发展过程中迫切需要解决的问题入手，如区域基础设施建设、跨区域环境保护等，组建相关的城市群专项协调组织，从而降低制度变迁的成本，并逐步实现城市群协调组织职能从单一到综合的转变，其职能范围逐渐扩大到包括负责城市群区域规划的制定与实施、协调区域基础设施规划、协调重大产业发展布局、协调重大资源开发利用、协调区域生态环境保护治理等各个方面。

（三）建立各类非政府合作组织

城市群协调委员会除了做好跨行政区的公共服务职能外，还可在鼓励建立各类半官方及民间的跨地区合作组织，以及加强对它们的间接管理方面发挥重要作用。例如，对各种跨行政区联合商会、行业协会等进行指导与管理，以便所组建的行业协会具有真正的行业协调、组织和管理能力，从而充分发挥跨行政区的商会、行业协会等在政府、市场、企业间的纽带与桥梁作用。另外，还应促进各种形式的发展研究院和地区发展研究中心等，进行区域内多层次、多维度的合作与交流，发挥公众在城市群协调中的作用，广泛发动公众参与，增强公众在城市群规划、建设和管理上的知情权、参与权和管理权。

四、建立城市群内合理的利益补偿制度

目前，区域内约束和规范的地方利益之争的机制，导致了辽中南各城市之间普遍存在引资大战、重复建设等一系列问题，这些问题不仅影响了城市群的协调发展，还影响了城市群综合竞争力的提升。因此，必须构建新型的、合理的地区利益分配制度，尤其是利益补偿制度。城市群利益补偿制度，就是要实现经济利益在城市间的合理分配，实现各城市的均衡发展。利益补偿的关键是通过规范化的制度安排，使城市群上级政府与各城市之间、各城市政府之间的利益进行合理的转移，以实现利益在城市群内的合理分配。发达国家普遍采用转移支付制度作为处理成员间利益分配不平衡的有效手段，而我国通常都是单一的纵向转移支付，即上级政府对下级政府的支付，而同级政府之间的转移支付几乎没有，这就使得地区间合作缺乏良好的制度保障。城市群内的利益补偿制度既要充分考虑地区产业发展差别带来的利益差别因素，也要考虑外部性带来的影响；利益补偿制度还要建立在公平原则的基础上，要扶持欠发达地区的发展；区域间联合项目收益多的应当补偿收益少的地区；发达地区应在公共支出上承担更多责任等。

（一）区域基础设施建设的利益补偿制度

基础设施建设有很强的外部性，外部性引起地区之间的利益不平衡，因此，在城市群区域基础设施建设的过程中，需要解决跨行政区的利益协调问题，通过区域协调组织或城市群政府之间达成协议，根据各个城市在区域基础设施建设中承担的成本和获得收益的差距来确定补偿数额，协调各城市之间的利益。收益大的或损失小的城市补偿收益小或损失大的城市，从而实现区域基础设施的利益均衡。比如，辽中南沿海城市的港口建设，特别是大连港和营口港的合作中，东北亚国际集装箱枢纽港的定位对于城市功能定位和城市竞争力的提升有很大的影响，如果大连定位为集装箱枢纽港的话，那么两个城市可以

通过谈判，让受益方大连给营口适当的补偿，这样可以实现错位发展，避免重复建设。

（二）区域环境与资源补偿制度

环境破坏和保护在同一区域内都具有很强的外部性，需要将外部性内部化，进行利益补偿。作为一种区域资源环境管理模式，环境与资源补偿制度，就是为落实政府对本辖区内环境质量负责的法律责任，对损害环境资源或保护生态环境的行为而建立的一种政府间经济赔付、补偿制度。应当坚持"污染者付费，受益者补偿，治理者获利"的原则建立环境保护补偿机制。对于资源的使用也是这样，尤其是水资源的使用和保护也要建立地区之间的补偿机制。实施环境与资源补偿制度是一项复杂的系统工程，不仅需要各城市政府的配合，还需要环保、水利和财政等多部门的协作，要建立部门与地方政府间的协商机制。

（三）区域产业发展的利益补偿制度

城市群经济的协同发展，是以群内建立合理的产业分工协作体系为基础的，是以产生整体效益大于局部利益之和的协同效益为目标的。但不同地区选择发展不同的产业带来的收益不同，要使每个参与者都能从分工体系中获得适当的份额，至少不能少于不参与分工所得的收益，否则就会影响一些地方尤其是欠发达地区的合作意愿与积极性，使合作难以为继。因此，根据群内城市的城市功能定位，不同地区应当有所取舍，发展不同的主导产业，这必然要求城市群在产业发展上建立利益补偿机制，否则就会影响区域内分工体系的建立和稳定，进而影响整个区域的发展。城市政府可以尝试用来源于省、市的地方财政收入，建立专门用途的产业调整和利益补偿基金，为群内受损城市提供补偿，也为群内城市的主导产业优化升级和产业结构调整提供支持。比如：对群内的资源型城市给予补贴，使其有能力发展接续产业，实现产业转型；对城市群规划的生态功能区所在城市给予补偿；等等。

此外，还应加强对群内欠发达城市的开发和扶持。由于城市群内城市之间存在着明显的发展不平衡，这种不平衡和差距对城市群建立合理的分工协作体系存在不利影响,欠发达地区由于难以在短期内从合作中取得较大利益,参与合作的意愿较低。有的即使参与了分工体系,也会因为自身产业配套能力低,技术、人才缺乏等因素的影响难以从分工中获得利益而退出合作体系,这样会使城市群的合作协同效应大打折扣。因此必须加大对群内欠发达城市的扶持力度。首先,通过产业布局和政策引导,鼓励核心城市向欠发达地区进行产业转移和扩散,带动其发展;其次,用产业补偿基金扶持欠发达城市加快技术创新和产业转型。通过这些举措逐渐带动欠发达城市的发展,从而更加有利于城市群产业分工框架和区域协作的稳定。

第三节　加快市场一体化建设

区域协调发展的重要内容之一就是打破市场分割,统一产品市场与要素市场,促进产品与要素的自由流动,在区域间经济联系扩展到每一个层面的同时,实现更大范围的资源优化配置。市场分割是区域内各城市产业结构趋同,不能有效按比较优势进行专业化分工的重要原因;地方保护下的产业缺乏应有的竞争力。因此,应建立统一的市场体系,促进要素在更大范围内自由流动,通过竞争产生活力和创造力,提升区域的竞争力,促进区域的协调发展。要通过制订统一的负面清单,约束政府的行为,使区域内阻碍产品和生产要素流动的人为壁垒和门槛得以清除,为实现市场一体化提供制度保障。同时,制订统一的市场规则,区域内各城市政府应在市场准入、减少行政干预、防止垄断等方面步调一致,形成良好的公平竞争环境,使市场逐步成熟和完善起来。

一、产权市场的一体化

产权市场的一体化能够为市场主体进行交易提供更广泛的平台,有利于生产要素跨地区自由流动,实现资源要素的优化配置,形成以资源有效配置和整体利益最大化为基础的区域专业化分工格局,从而实现区域的协调发展。产权市场的一体化还有利于技术的扩散和产业的合理分工，避免区域内的产业同构。一是建立统一的产权交易管理信息和服务系统。要在城市群内使用同一的信息系统、交易软件，构建区域统一的信息发布、项目融资等产权交易服务平台，实现资源共享、联网运行。二是使行统一的产权市场交易程序。在交易各环节如申请登记、查询洽谈、签约成交、结算交割等环节上实行统一的程序和标准，以降低交易费用，推动产权合理、高效率流动。三是逐步实现交易规则和审核标准的统一，以保证产权交易的规范化运作。四是推进统一的结算交割体系的建立，以加快资金顺畅流动。

二、商品市场的一体化

商品市场一体化的目标是打破地区之间的行政壁垒，完善市场体系。通过进一步优化市场结构，培育市场中介，形成以核心城市为龙头、以各市为支撑点、以中小城市为基础的一体化商贸市场体系。一是要健全商品市场体系。加快商业基础设施的建设步伐，在群内形成布局清晰、分工明确、辐射能力强的商品市场体系。二是要形成产业与市场互融格局。要围绕城市群内的支柱产业、优势产业，建设配套性强、辐射面广的专业市场，形成产业与市场相互融合、密切互动的格局。三是要构建多层次的商贸体系，通过强化核心城市的中心地位，完善商贸体系，加快建设统一开放的大市场。

三、金融市场的一体化

金融市场的一体化，有利于民间资本的流动与聚集，扩大各城市的融资渠道和融资范围，有利于地方配套产业的健全和区域间经济联系的加强；同时能够促进资金的流动，达到资本要素的优化配置。一是要对区域内城市商业银行进行改造，形成城市群联合金融体。鼓励各城市商业银行按市场原则进行联合，构建金融联合体，使之能够在城市间开展"同城化"业务。二是要加强社会信用体系建设，改善金融投资环境。在城市群内推行联合征信系统，实现区域内信用评价、征信和惩罚的一体化，打造"金融安全区"。三是要推行银行业务一体化进程。打破地域限制，实现银行跨地域贷款。加快区域性票据中心市场和一体化大额结算体系建设，在城市群内实行同城清算，提高资金流通效率。

四、人才市场的一体化

人才市场的一体化就是要通过完善各城市间的人才流通体系，实现劳动力在城市群内自由流动，从而达到人才的有效利用。一是通过建立信息平台，实现区域内劳动力供求信息的共享，同时加强在职业培训、创业服务、职业介绍等方面的合作，实行劳动力跨区域共享制度，增强城市间的沟通与协作。二是清除影响劳动力流动的各种制度性障碍，加快建立覆盖城市群从业人员的统一社会保障制度，为劳动者在城市群实现自由流动提供保障。三是鼓励城市间联合实施人才培训与交流、职业技能培训，实行劳动力资质在城市群内相互承认。

第四节 推进城市群协调发展的宏观管理体系建设

城市群是一种典型的超越行政区划的经济区域，城市群的协调发展还必须从宏观管理的角度进行考量，建立能够促进城市群协调发展的宏观管理体系。

一、政府职能的重新定位

在我国现阶段市场经济并不是很完善的情况下，政府在经济社会发展中扮演着非常重要的角色，在区域经济的协调发展中更是作用突出，其作用和影响力甚至超过了市场的作用。正如前面所说，在区域发展中，政府的行政权力垄断导致的地方保护主义、市场分割等问题，都说明当政府超越了自身的职能范围时，会对经济社会发展产生负效应。因此，应当规范政府行为，重新定位政府职能，使之减少对市场秩序的干预和控制，尤其是减少其在竞争性领域的亲自参与，以去除政府在区域协调发展中的地方利益保护色彩。首先，要限定政府职能的范围。政府职能主要限定在宏观和中观层面，更多的在处理地方行政事务、进行社会建设、促进经济发展、进行公共基础设施等领域发挥作用；涉及市场经济领域的微观层面，要发挥市场的决定性作用，避免政府直接干预市场主体的经济行为。其次，要明晰政府与市场的界限。地方政府不应当运用手中的行政权力干涉微观主体的行为，从中谋取不当利益。最后，要明确政府的权责。政府的主要责任就是为市场参与主体提供稳定有序的市场环境，同时规范各经济主体的行为，明确其权利和义务。

二、完善分税制体系

现行的财政分权制度下，地方政府为争夺税源，必将产生争项目、争投资的动力，造成城市间的恶性竞争。区域发展规划的实施必定会影响各级行政机构的财税收入状况，辽宁省政府应当根据城市群规划决定对地方政府的转移支付，将各种形式的资金分配与地方政府的规划实施挂钩。属于区域共同的事务，应当合理分担；对于某个或几个城市承担的部分，应当明确权责。同时，应当改变企业所得税按照行政隶属关系共享的做法，实现所得税在地区间合理分配。

三、完善政府绩效评价体系

现实中阻碍区域协同发展的因素大多在于行政权力造成的分割，究其原因主要在于相关的政府绩效评价体系。由于地方官员的晋升与所在地区的经济发展状况呈现高度的正相关性，因此，地方政府必然从地方利益出发，导致资源配置本地化和地方市场保护，而不能从整个区域发展的角度来考虑问题。因此，必须建立新的政府绩效考评体系，从地方、区域甚至国家发展的多层次来考核地方政府的政绩，根据对城市群中不同城市的功能定位确定主要考核指标，如生态功能突出的城市就应弱化经济考量指标，更多地增加环境保护、公共服务和社会建设的指标。

四、大力推进辽中南城市群协调发展的法制建设

完善的法律体系是解决城市群协调发展的有力保障。从发达国家推行区域经济一体化发展的经验看，完善的法律能够有效遏制区域内经济主体的不法行为，从而形成健康的发展环境。我国地方的法规一般都包含地方利益因素，涉及区域各经济主体之间的问题，往往缺乏有效的法律依据。因此，要实现城市群协调发展，解决各城市间的问题，就需要提升立法机构的格局，由城市立法改为城市群统一制定各城市共同遵守的法规，以解决区域行政区之间的问题。一是积极推动国家立法机构尽快通过专项法律法规或增设专门的法律条文，使区域及其城市群的一体化联合协调机制建设具有法理依据和法律支持，并且为成效评估、纠纷仲裁和调解以及惩罚等提供法源支持。二是大力促进各市地方法律法规的一体化。省级立法机构应尽快修改有关的法规，通过专项法规或增设专门的法律条文，消除地方市场割据和地区封锁等行为，使地方的行政壁垒失去法规支持，使辽中南协调发展机制建设及其有效运转具有地方法规的保障，并且为地方纠纷仲裁和调解提供法律基础。这样，一方面可以有效地限制地方政府滥用行政权力破坏城市群协调发展的非理性行为，另一方面，通过法律体系的完善，可以有效规范各经济主体的行为，从而在群内形成良好的发展环境。

本章小结

从理论上说，如果城市群内各个城市都能够发挥各自优势，进行分工协作，对于区域内资源利用效率的提高有着重要的作用，能够提高区域整体的产出和收益。然而作为理性的"经济人"，城市政府总会从自身利益出发进行决策，往往会在"个体理性"的驱动下陷入"集体非理性"的困境。所以在现实中，城市群内的合作中存在很多障碍性因素，造成了各个城市之间缺乏分工，产业趋同、产品相近、城市定位相似等现象，使得群内的规模效益偏低，协同发展的经济性很难实现。辽中南城市群要走向功能性的合理分工，实现协调发展，体制机制的创新十分重要。要通过协调区域产业政策，加强区域内的产业合作，促进产业集群发展；通过建立有效的城市群协调机制，对城市群发展的共同事务进行协调，统一制定规划以及共同遵守的制度和规则等；通过建立合理的利益分享和利益补偿机制，建立发挥比较优势的合理产业和功能区；通过加速市场一体化建设，保证产品和要素自由流动；通过完善相关法律法规，约束政府在区域合作中的非理性行为，消除人为性、行政性壁垒；通过推进城市群协调发展的宏观管理体系建设，为地区协调发展提供制度保障。这些措施的实现，有利于促进辽中南城市群相互促进、优势互补、互利合作，最终提升区域整体的发展水平和竞争力。

第八章　结　论

本书综合利用各相关学科的知识，以辽中南城市群为特定研究区域，对城市群城市功能定位、重点产业选择、城市群发展模式及区域协调发展机制等问题进行了研究，得出了以下主要结论：

（1）城市功能定位不仅是城市制定发展战略的前提，也是区域协调发展的基础。城市功能定位是在分析和研究城市自身优劣势、区位条件、外部环境等的基础上，通过确定城市在区域当中的位置和角色，对整个区域中城市发展方向、城市间的等级关系和整个城市群的布局进行规划，即能使城市获得更大城市竞争力也能使区域获得规模效益的过程。辽中南城市群是我国东北综合实力最强、经济发展潜力最大的城市群，作为一个同时有两大国家级战略的区域，承担着探索新型工业化和成为新的经济增长极的双重任务。但群内存在着突出的城市功能相似、产业结构趋同等问题，阻碍了城市群的协调发展和整体竞争力的提升。因此，对该城市群进行全面分析并提出相应的发展思路和对策，不仅有利于群内各城市及辽宁地区的发展，也有利于东北的振兴。

（2）城市功能定位体系的构建是城市群协调发展的基础。城市群在发展成熟过程中，随着中心城市的集聚和辐射功能发挥作用的空间、范围、功能不断扩大，在城市间逐渐建立了紧密、有序的功能网络。本书从综合发展指数、产业结构和优势产业状况、城市间的交流程度、群内各个城市的自我功能定位、城市群的空间和功能特征五个角度对辽中南城市群城市功能和产业发展现状进行了较为全面的分析，认为辽中南城市群还处于发展阶段，其中辽中南城市群的双核特征是贯穿始终的一条线索。针对双核城市群的特征，结合各城市发展的实际和在城市群中的规模等级提出了城市功能定位的构想。

（3）城市群空间结构是城市间功能相互作用的载体。针对辽中南城市群存在的城镇体系断层、空间布局不合理的现状，提出了辽中南城市群"两核两极一轴多节点"的协调发展模式。通过做大做强核心城市，更好地发挥沈阳和大连在群内的"增长极"作用；通过轴线集聚资源，更好地发挥集聚和扩散的作用；通过加强辽宁中部都市圈与辽宁沿海经济带之间的合作，形成区域整体合力；通过共同建设完善、高效的区域基础设施网络，为实现区域内生产要素快速流动提供条件，为群内协调发展打好基础。

（4）产业分工协作框架是城市群功能体系的动力。在特定时期，城市的主导产业决定了城市的主要功能，主导产业的更迭也会推动城市功能的调整。在城市群内，城市间的产业分工合作是城市间功能联系的表现，从而也体现了城市的作用强度和辐射范围，决定了城市的功能定位。而随着分工的深化，城市群中城市之间从产业之间的分工、产品之间的分工发展为产品价值链不同环节的分工。这为城市群各城市进行合理分工、准确定位、实现错位发展提供了更多的选择和条件。基于此，本书结合辽中南城市群中城市的规模等级和产业基础提出了其应当重点发展的产业，构建了辽中南城市群的产业分工格局。

（5）政府间的协调机制是城市群功能形成与发展的重要保障。城市群的协调发展不仅是企业、产业等主体集聚和扩散机制作用的微观选择的自组织过程，也是以政府主导的宏观制度变迁的他组织过程。因此，辽中南城市群要走向功能性的合理分工，实现协调发展，体制机制的创新十分重要。通过建立有效的城市群协调机制、建立合理的利益分享和利益补偿机制、加速市场一体化建设、完善相关法律法规以及推进城市群协调发展的宏观管理体系建设等措施，促进辽中南城市群相互促进、优势互补、互利合作，最终提升区域整体的发展水平和竞争力。

参考文献

[1]　埃比尼泽·霍华德.明日的田园城市[M].北京:商务印书馆,2002.

[2]　姚士谋,等.中国城市群[M].3版.合肥:中国科学技术大学出版社,2006.

[3]　周一星.城市地理学[M].北京:商务印书馆,1995.

[4]　张鸿雁,张登国.城市定位论:城市社会学理论视野下的可持续发展战略[M].南京:东南大学出版社,2008.

[5]　周文辉.城市营销[M].北京:清华大学出版社,2004.

[6]　迈克尔·波特.国家竞争优势[M].北京:华夏出版社,2002.

[7]　格迪斯.进化中的城市[M].北京:商务印书馆,2000.

[8]　唐燕.德国大都市地区的区域治理与协作[M].北京:中国建筑工业出版社,2001.

[9]　张丽君.毗邻中外边境城市功能互动研究[M].北京:中国经济出版社,2006.

[10]　张京祥.城镇群体空间组合[M].南京:东南大学出版社,2000.

[11]　倪鹏飞.中国城市竞争力报告 No.2 定位:让中国城市共赢[M].北京:社会科学文献出版社,2004.

[12]　耿乃国,王永刚.中国城市群经济规模效应研究[M].北京:北京师范大学出版社,2011.

[13]　张学良.2013 中国区域经济发展报告[M].北京:人民出版社,2013.

[14]　刘士林,等.中国城市群发展指数报告(2013)[M].北京:社会科学文献出版社,2013.

[15]　方创琳,宋吉涛,蔺雪芹.中国城市群可持续发展理论与实践[M].北京:科学出版社,2004.

[16]　杨勇.都市圈经济一体化理论与实践[M].北京:经济科学出版社,2013.

[17] 何传启.中国现代化报告 2013:城市现代化研究[M].北京:北京大学出版社,2014.

[18] 郁鸿胜.崛起之路:城市群发展与制度创新[M].长沙:湖南人民出版社,2004.

[19] 邹军,张京祥,胡丽娅.城镇体系规划[M].南京:东南大学出版社,2002.

[20] 方创琳,姚士谋,刘盛和.2010 中国城市群发展报告[M].北京:科学出版社,2011.

[21] 朱英明,童毛弟.中国城市群整体竞争力研究[M].北京:经济管理出版社,2010.

[22] 赵晓雷.城市经济与城市群[M].上海:上海人民出版社,2008.

[23] 秦尊文.长江中游城市群构建[M].武汉:湖北人民出版社,2010.

[24] 聂华林,马红瀚.中国区域经济格局与发展战略[M].北京:中国社会科学出版社,2009.

[25] 李晓蕙.中国区域经济协调发展研究[M].北京:知识产权出版社,2009.

[26] 肖金成,袁朱.中国十大城市群[M].北京:经济科学出版社,2009.

[27] 王维国.协调发展的理论与方法研究[M].北京:中国财政经济出版社,2002.

[28] 冯云廷.城市聚集经济[M].大连:东北财经大学出版社,2011.

[29] 胡序威.区域城镇体系的协调发展问题[J].城市规划,2005(12):12-17.

[30] 仇保兴.城市定位理论与城市核心竞争力[J].城市规划,2002(7):11-13.

[31] 张复明.城市定位的理论思考与案例研究[J].经济地理,2000(6):48-51.

[32] 高宜程,申玉铭,王茂军,等.城市功能定位的理论和方法思考[J].城市规划,2008(10):21-25.

[33] 闫波.城市功能定位的影响因素分析[J].商情,2011(7):150.

[34] 马凤鸣.城市功能定位分析[J].长春大学学报(社会科学版),2012,22(1):24-26.

[35] 王红霞.城市群的发展与区域合作:城市与区域合作发展研究热点综述[J].上海经济研究,2006(12):115-123.

[36] 孙乐,黄毅翎,王兴平.城市竞争力、区域联系和功能定位研究:以山东省平邑县城为例[J].规划师,2005(3):63-67.

[37]　李芸.差异化城市功能的定位与战略设计[J].江苏社会科学,2000(5):106-110.

[38]　石正方,李培祥.城市功能转型的结构优化分析[J].生产力研究,2002(2):92-95.

[39]　刘荣增,崔功豪,冯德显.新时期大都市周边地区城市定位研究:以苏州与上海关系为例[J].地理科学,2001,21(2):158-163.

[40]　马延吉.辽中南城市群产业集聚发展与格局[J].经济地理,2010(8):1294-1298.

[41]　施祖麟,白永平.长江三角洲大都市周边地区城市定位研究:以苏州、南通为例[J].中国人口资源与环境,2002,12(3):47-51.

[42]　吴婧,沈山.中原城市群的城市功能定位和建设策略探讨[J].经济论坛,2007(17):18-20.

[43]　汪江龙.首都城市功能定位与产业发展互动关系研究[J].北京市经济管理干部学院学报,2011(4):23-27.

[44]　王晓玲.主导产业视角下的城市功能定位研究:以大连为例[J].城市,2010(5):19-22.

[45]　周一星.主要经济联系方向论[J].城市规划,1998(2):22-25.

[46]　张复明,郭文炯.城市职能体系的若干理论思考[J].经济地理,1999(3):20-24,31.

[47]　汤绪.西部资源型城市转型期城市定位及空间布局初探:以金昌市为例[J].城市规划,2003(11):73-75.

[48]　黄美均.城市化进程中的城市定位问题[J].国土资源,2003(10):39-41.

[49]　戴宾.城市群及其相关概念辨析[J].财经科学,2004(6):101-103.

[50]　王静.辽中南城市群的发展概况及对策[J].城市管理与科技,2006(2):63-65.

[51]　吕怿南.辽中南城市群发展研究[J].经济研究导刊,2011(10):146-149.

[52]　周静海,王军.辽中南城市群功能提升的途径选择[J].沈阳建筑大学学报(社会科学版),2007(4):396-398.

[53]　刘彬.辽中南城市群现代物流一体化发展战略研究[J].沈阳航空工业学院学报,2005(6):73-75.

［54］ 陆鑫,顾韵芬,陈洪涛.辽中南城市群服装产业现状与发展策略[J].辽东学院学报(社会科学版),2008,10(6):50-55.

［55］ 黄征学.促进辽中南城市群发展研究[J].经济研究参考,2014(33):32-43,84.

［56］ 赵映慧,修春亮.辽中南城市群经济发展状况分析[J].城市问题,2005(3):51-54.

［57］ 齐亮.辽中南城市群一体化整合发展[J].合作经济与科技,2006(10):32-33.

［58］ 苏飞,张平宇.辽中南城市群城市规模分布演变特征[J].地理科学,2010(3):343-349.

［59］ 李平,佟连军,邓丽君.辽中南城市群内在功能联系及优化建议[J].地域研究与开发,2009(6):42-45.

［60］ 游志鸿,王东.辽中南城市群职能分工分析[J].合作经济与科技,2006(9):36-37.

［61］ 李修伟,修春亮.东北三省区域经济极化的新格局[J].地理科学,2008(6):722-728.

［62］ 王东,游志鸿.浅议辽中南城市群的中部崛起:辽中南城市群的双三角空间发展模式[J].现代经济探讨,2006(5):88-91.

［63］ 赵映慧,修春亮,姜博.辽中南城市群、哈大齐城市群、吉林中部城市群经济发展比较[J].城市发展研究,2010(5):12-14.

［64］ 薛凤旋.都会经济区:香港与广东共同发展的基础[J].经济地理,2000(1):37-42.

［65］ 周振华.新一轮长江三角洲区域合作与发展的战略目标选择[J].上海社会科学学术季刊,2000(1):5-12.

［66］ 石忆邵,章仁彪,朱红燕.上海实施长江三角洲都市经济圈联动发展的战略意义与对策[J].同济大学学报(社会科学版),2000,11(1):1-6.

［67］ 张尚武.长江三角洲地区城镇空间形态协调发展研究[J].城市规划汇刊,1999(3):32-35.

［68］ 刘君德.论中国大陆大都市区行政组织与管理模式创新:兼论珠江三角洲的政区改革[J].经济地理,2001(2):201-207.

［69］ 靖学青.西方国家大都市区组织管理模式:兼论长江三角洲城市群发展协调管理机构的创建［J］.社会科学,2002(12):22-25.

［70］ 曹现强.山东半岛城市群建设与地方公共管理创新:兼论区域经济一体化态势下的地方合作机制建设［J］.中国行政管理,2005(3):27-31.

［71］ 彭震伟,唐伟成,张立,等.长江三角洲城市群发展演变及其总体发展思路［J］.上海城市规划,2014(1):7-12.

［72］ 肖金成,李娟,孙玉.环渤海地区经济合作及城市群功能定位［J］.环渤海经济瞭望,2007(12):1-4.

［73］ 赵勇,白永秀.城市群国内研究文献综述［J］.城市问题,2007(7):6-11.

［74］ 张登国.城市定位:城市可持续发展的新动力［J］.世纪桥,2007(8):57-58.

［75］ 刘长平,李前兵.区域经济差异理论研究述评［J］.经济研究导刊,2011(33):117-119.

［76］ 赵林,韩增林,马慧强.中原经济区城市内在经济联系分析［J］.经济地理,2012(3):57-62.

［77］ 刘贵清.日本城市群产业空间演化对中国城市群发展的借鉴［J］.当代经济研究,2006(5):40-43.

［78］ 陶文东,安筱鹏.我国城市群协调发展的基本态势与调控思路［J］.国土与自然资源研究,2004(3):5-7.

［79］ 薛东前,姚士谋.关中城市群的功能联系与结构优化［J］.经济地理,2000(6):52-55.

［80］ 孙胤社.城市空间结构的扩散演变:理论与实证［J］.城市规划,1994(5):16-20.

［81］ 马远军,张小林.城市群竞争与共生的时空机理分析［J］.长江流域资源与环境,2008(1):10-15.

［82］ 李国平,杨洋.分工演进与城市群形成的机理研究［J］.商业研究,2009(3):116-119.

［83］ 王士君,王丹,宋飏.东北老工业基地城市群组结构和功能优化的初步研究［J］.地理科学,2008(1):15-21.

［84］ 朱英明.长三角城市群产业一体化发展研究:城际战略产业链的视角［J］.

产业经济研究,2007(6):48-57.

[85] 王红霞.城市群的发展与区域合作:城市与区域合作发展研究热点综述[J].上海经济研究,2006(12):115-123.

[86] 顾朝林.城市群研究进展与展望[J].地理研究,2011(5):771-784.

[87] 罗军.中国城市群的发展特点与趋势[J].同济大学学报(社会科学版),2011(6):44-52.

[88] 王乃静.国外城市群的发展模式及经验新探[J].技术经济与管理研究,2005(2):83-84.

[89] 周世锋,王辰.世界城市群发展演变特点及其对长三角的启示[J].江苏城市规划,2010(8):15-18.

[90] 李仙德,宁越敏.城市群研究述评与展望[J].地理科学,2012(3):282-288.

[91] 陈群元,喻定权.我国城市群发展的阶段划分、特征与开发模式[J].现代城市研究,2009(2):77-82.

[92] 齐鲁平,孙晋山.辽宁省中部城市群发展战略初探[J].经济地理,1984(3):209-214.

[93] 姜敏.中国东北的"黑三角":辽宁中部城市群在崛起[J].瞭望周刊,1985(10):28-29.

[94] 陈凡,胡涓.中外城市群与辽宁带状城市群的城市化[J].自然辩证法研究,1997(10):48-53.

[95] 朱英明,孙钦秋,李玉见.我国城市群发展特征与规划发展设想[J].规划师,2001(6):78-81.

[96] 黄征学.空间结构要素的内涵及内在的逻辑关系[J].发展研究,2012(12):90-94.

[97] 张火军.我国城市群的发展及其可持续发展研究[J].江苏科技信息,2005(SI):34-37.

[98] 覃成林,周姣.城市群协调发展:内涵、概念模型与实现路径[J].城市发展研究,2010(12):7-12.

[99] 张学良.中国区域经济转变与城市群经济发展[J].学术月刊,2013(7):107-112.

[100] 秦志琴,张平宇.辽宁沿海城市带界定及其结构特征分析[J].地理科学,
2010(6):860-867.

[101] 姚士谋,陈振光,王书国.城市群发育机制及其创新空间[J].科学,2007
(2):23-27.

[102] 刘长平,李前兵.区域经济差异理论研究述评[J].经济研究导刊,2011
(33):117-119.

[103] 涂文明,曹邦英.增长极战略的实现机制与中国实践模式的重构[J].当
代财经,2012(9):16-24.

[104] 肖金成,李娟,马燕坤.京津冀城市群的功能定位与合作[J].经济研究参
考,2015(2):15-28.

[105] 赵艳红.试论辽宁沿海经济带与东北腹地协同发展[J].世纪桥,2010
(23):134-136.

[106] 周学仁,刘薇娜,李雨果.辽宁沿海经济带对外开放与产业升级关系研究
[J].东北财经大学学报,2015(5):45-51.

[107] 陈晓玲,陈登科,李国平.中国区域比较优势动态变化的影响因素分析
[J].宏观经济研究,2011(11):37-46.

[108] 李林.国家中心城市功能选择与实施路径[J].城市,2011(10):17-21.

[109] 王永刚.中国城市群经济规模效应研究[D].沈阳:辽宁大学,2008.

[110] 裴填.中心城市与周边城市的分工与产业整合[D].上海:复旦大学,
2004.

[111] 李学鑫.基于专业化与多样性分工的城市群经济研究[D].开封:河南大
学,2004.

[112] 李冰.京津冀都市圈县域经济功能定位研究[D].天津:河北工业大学,
2008.

[113] 潘承仕.城市功能综合评价研究[D].重庆:重庆大学,2004.

[114] 史长俊.辽宁沿海经济带与沈阳经济区协同发展研究[D].长春:吉林大
学,2012.

[115] 闵雪.产业布局优化与沈阳经济区发展研究[D].沈阳:沈阳理工大学,
2013.

[116] 吴晓隽.上海大都市圈的结构及功能体系研究[D].上海:复旦大学,

2006.

[117] 秦长江.我国城市群区域内政府合作研究[D].郑州:郑州大学,2006.

[118] 赵勇.区域一体化视角下的城市群形成机理研究[D].西安:西北大学,
       2009.

[119] 周斌.区域一体化视角下成渝城市群协调发展研究[D].杭州:浙江大
       学,2010.

[120] 张付刚.我国省会城市城市功能差异研究[D].兰州:兰州大学,2011.

[121] 贺伟光.关中城市群产业分工及产业空间布局研究[D].西安:陕西师范
       大学,2008.

[122] 刘刚.美国和日本城市群发展的比较研究[D].长春:吉林大学,2006.

[123] 陈群元.城市群协调发展研究[D].长春:东北师范大学,2009.

[124] 林先扬.基于经济全球化的大珠江三角洲城市群经济整合研究[D].广
       州:华南师范大学,2004.

[125] 阎明.核心城市在城市群建设中的地位和作用的研究[D].西安:西北大
       学,2009.

[126] 赵敬.基于核心竞争力的城市功能定位研究[D].广州:暨南大学,2006.

[127] 路明.中国区域城市化研究[D].北京:中共中央党校,2000.

[128] 张凯.京津冀地区产业协调发展研究[D].武汉:华中科技大学,2007.

[129] 刘权夫.辽中南城市群发展面临的挑战与对策[D].沈阳:辽宁大学,
       2011.

[130] 启东视野.沈阳经济区优化发展空间的思路[EB/OL].http://blog.sina.
       com.cn/s/blog_8225bd540100xmvb.html.

[131] Stassen S.The Global City[M].Princeton:Princeton University Press,1991.

[132] Allen J Scott.Global City-regions:Trends,Theory,Policy[M].Oxford:Oxford
       University Press,2001:78-87.

[133] Duncan,et al.Metropolis and Region[M].Baltimore:Johns Hopkins Press,
       1965.

[134] Peter Hall,Kathy Pain.The polycentric metropolis:learning from mega-city
       regions in Europe[M].London:Earthscan Publications,2006.

[135] Saarinen E.The City:It's Growth,It's Decay,It's Future[M].New York:

Reinhold Publishing, 1943.

[136] Geddes P. Cities in Evolution: An Introduction to the Town Planning Movement and to the Study of Cities [M]. London: Williams & Norgate, 1915.

[137] P J Taylor, J Beaverstock, G Cook, et al. Greenwood, Financial Sevices Clustering and its Significance for London [M]. London: Corporation of London, 2003.

[138] Harold Carter.The Study of Urban Geography[M].London: Edward Arnold, 1972.

[139] Doxiadic.Man's Movement and his Settlement[J].Ekistics, 1970, 29(1): 173-175.

[140] Friedman J.The World City Hypothesis[J].Development and Change, 1986, 17(1):69-84.

[141] David F B.Network cities: creative urban agglomerations for the 21st century [J].Urban Studies, 1995, 32(2):313-327.

[142] McGee T G.The Future of Urbanization in Developing Countries: the Case of Indonesia[J].Third World Planning Review, 1994, 16(1):3-7.

[143] Guttmann J. Megalopolis or the Urbanization of the Northeastern Seaboard [J].Economic Geography, 1957, 33(7):31-40.

[144] Henderson J V. The Sizes and Types of Cities [J]. American Economics Review, 1974(64):640-656.

[145] Helsley R W, Strange W C. Matching and Agglomeration Economies in a System of Cities[J].Regional Science and Urban, 1990(20):198-212.

[146] Abdel-Rahman H M.Shareable Inputs, Product Variety, and City Sizes[J]. Journal of Regional Science, 1990(30):359-374.

[147] Abdel-Rahman H M, Fujita M.Specialization and Diversification in a System of Cities[J].Journal of Urban Economics, 1993(33):189-222.

[148] Goldstein G S, Gruenberg T. Economies of Scope and Economies of Agglomeration[J].Journal of Urban Economics, 1984(16):91-104.

[149] Richardson H W.Optimality in City Size, Systems of Cities ad Urban Policy:

A Skeptic's View[J].Urban Studies,1972(9):29-48.

[150] Capello R, Camagni R. Beyond Optimal City Size: An Evaluation of Alternative Urban Growth Patterns[J].Urban Studies,2000(37):1479-1496.

[151] Edward Glaeser.Triumph of the City:How Our Greatest Invention Makes Us Richer,Smarter,Greener,Healthier,and Happier[M].Penguin Press,2011.

[152] Ade Kearns, Ronan Paddison. New Challenges for Urban Governance: Introdution to the Review Issue[J].Urban Studies,2000,37(5/6):845-850.

[153] Fujita M.Spatial economics[M].Cheltenham:Edward Elgar Publishing,2005.

[154] Fujjta M,Krugman P.The new economic geography:past present and future[J].Papers in Regional Science,2004,83(1):139-164.

附　录

附表 1　2012 年辽中南城市发展指数数据

城市	沈阳	大连	鞍山	抚顺	本溪
人均 GDP/元	80480	102922	69211	58512	64459
GDP 增长率/%	9.7	9	2.9	9.4	8.7
人均固定资产投资/元	77613.13	95280.31	46882.69	43480.31	47041.68
人均社会消费品零售额/元	109049.83	56631.97	24287.42	15878.79	8218.04
第三产业的比重/%	43.99	41.65	41.65	33.53	33.94
居民人均可支配收入/元	26430.83	27539.20	24194.09	20545.01	22466.46
人均城市道路面积/平方米	12.73	13.7	8.91	9.28	10.79
人均移动电话数/台	1.37	1.42	0.98	0.88	0.92
一般工业固体废物综合利用率/%	95.19	95.56	24.78	23.36	15.09
污水处理厂集中处理率/%	87.11	95.1	80	70.19	81.02
城乡居民人均生活用电量/千瓦时	552.65	453.74	236.99	283.38	275.60
建成区绿地覆盖率/%	42.22	44.68	37.78	41.92	48.01
年末金融机构存款余额/万元	102753529	103223415	22577208	11471306	9337084
年末金融机构贷款余额/万元	78527063	81273830	13083352	5012543	6131435
人均居民储蓄余额/元	59586.61	70480.57	41033.27	36839.53	39165.22
实际利用外资/万美元	580435	1235033	127520	12635	46140

续附表 1

城市	沈阳	大连	鞍山	抚顺	本溪
对外依存度/%	12.07	57.22	10.57	4.93	22.98
外汇旅游收入/万美元	63195	87349	27400	12982	48878
进口总额/万美元	678313	2943100	173491	26909	168557
出口总额/万美元	596514	3468242	237445	70706	240515
外商直接投资/万美元	580435	1235033	127520	12635	46140
科技人员占职工的比重/%	8.85	5.3	2.91	2.99	3.8
R&D经费占GDP的比重/%	2.14	1.47	1.41	0.52	2.68
教育支出占财政支出的比重/%	15.59	15.37	11.42	16.06	13.81
高等学校在校生数/人	369285	263692	37593	44344	15603

城市	丹东	营口	辽阳	盘锦	铁岭
人均GDP/元	42171	56583	53877	87153	32130
GDP增长率/%	11	11.18	10.2	8.1	9.6
人均固定资产投资/元	35478.17	46154.41	32934.42	75133.61	29987.19
人均社会消费品零售额/元	7379.93	14521.92	15741.72	19567.62	10190.09
第三产业的比重/%	36.13	39	30.5	23.53	28.38
居民人均可支配收入/元	19625.08	23986.01	22259.45	27532.77	18586.87
人均城市道路面积/平方米	13.37	7.99	14.17	14.45	18.88
人均移动电话数/台	0.83	0.96	0.93	1.15	0.68
一般工业固体废物综合利用率/%	26.98	84.33	72.59	92.35	69.14

续附表 1

城市	丹东	营口	辽阳	盘锦	铁岭
污水处理厂集中处理率/%	80.28	67.74	85.5		100
城乡居民人均生活用电量/千瓦时	198.13	241.12	204.07	223.59	92.84
建成区绿地覆盖率/%	26.34	39.38	40.67	37.78	46.66
年末金融机构存款余额/万元	12317512	12804272	11429830	10903894	8294772
年末金融机构贷款余额/万元	6699891	11289530	6987357	6191852	6134377
人均居民储蓄余额/元	37131.54	34280.61	37624.29	52543.88	20526.17
实际利用外资/万美元	120100	76765	45093	58985	13431
对外依存度/%	28.30	24.85	5.70	5.58	3.52
外汇旅游收入/万美元	26642	7187	1896	13327	4014
进口总额/万美元	172230	161021	31363	40568	8504
出口总额/万美元	287511	388176	59855	70551	46429
外商直接投资/万美元	120100	121330	45093	161004	40217
科技人员占职工的比重/%	2.88	2.07	4.23	1.78	3.5
R&D 经费占 GDP 的比重/%	0.43	0.95	1.9	1.36	0.26
教育支出占财政支出的比重/%	17.30	15.87	15.93	15.88	16.90
高等学校在校生数/人	28453	21368	19095	5687	17329

附表2　2012年辽中南城市分行业单位从业人员

人

城市	沈阳	大连	鞍山	抚顺	本溪	丹东
农业	3038	6619	4298	4565	1892	2941
采矿业	19243	2124	5260	37665	18910	3368
制造业	329418	453903	205769	88163	88514	61366
电力、燃气及水的生产和供应业	30507	16799	12880	13015	9379	6843
建筑业	66866	91998	77879	40264	28082	26731
交通运输、仓储及邮政业	49262	53890	16914	8829	6688	7328
信息传输、计算机服务和软件业	39712	63288	11035	7753	8779	12870
批发和零售业	15620	26651	5314	1199	1333	2283
住宿和餐饮业	18898	32972	3725	2031	2635	5034
金融业	34952	39236	16365	8627	7786	7201
房地产业	27142	36843	9353	3675	7201	10996
租赁和商务服务业	37622	12881	8579	2752	1849	2353
科学研究、技术服务和地质勘查业	57823	20189	16746	5459	3330	11715
水利、环境和公共设施管理业	31744	13556	14405	8219	5269	10874
居民服务和其他服务业	4187	3623	3286	1112	488	958
教育	129034	79876	40861	24708	23898	37086
卫生、社会保障和社会福利业	69339	40999	24104	13860	24362	22579
文化、体育和娱乐业	15634	9344	3182	2028	1636	2251
公共管理和社会组织	90916	62549	39496	25338	21327	27359
合计	1070957	1067340	519451	299262	263358	262136

续附表 2

城市	营口	辽阳	盘锦	铁岭	全国
农业	707	3765	172187	17561	3388566
采矿业	2869	2221	101307	44329	6310219
制造业	104309	59162	38619	19699	42621887
电力、燃气及水的生产和供应业	7953	3782	5351	9270	3445578
建筑业	23875	24728	30031	18018	20102586
交通运输、仓储及邮政业	9124	2858	10682	3375	7118450
信息传输、计算机服务和软件业	22827	4063	4077	6996	6675203
批发和零售业	3306	1062	2191	313	2650548
住宿和餐饮业	3410	1703	2343	2579	2227996
金融业	9721	6224	6191	8106	5277677
房地产业	3171	1883	4332	1974	2737129
租赁和商务服务业	4193	2091	2731	3050	292285
科学研究、技术服务和地质勘查业	2799	3306	4877	5099	3306752
水利、环境和公共设施管理业	7371	8163	7406	4993	2437831
居民服务和其他服务业	246	261	634	557	621331
教育	25491	18348	16190	29683	16533788
卫生、社会保障和社会福利业	12122	10371	6877	11629	7192776
文化、体育和娱乐业	1903	1675	1689	1467	1377422
公共管理和社会组织	31660	22284	24479	33539	15415126
合计	277057	177950	442194	222237	152363715

来源:《2013 年辽宁统计年鉴》《2013 年中国统计年鉴》。

表3　　　　　　　　辽中南城市人口变化情况（2011—2013 年）　　　　　　万人

城市	2011 年	2012 年	2013 年
沈阳	519.07	522.12	524.59
大连	297.12	299.17	301.24
鞍山	152.09	151.88	151.42
抚顺	144.84	144.11	143.23
木溪	94.93	94.19	93.60
丹东	78.80	78.62	78.45
营口	91.10	91.45	91.78
辽阳	74.87	88	87.79
盘锦	65.12	63.9	64.08
铁岭	44.57	44.1	43.86

来源：《2012 年辽宁统计年鉴》《2013 年辽宁统计年鉴》《2014 年辽宁统计年鉴》。